광야의 발자국

광야의 발자국

· 초판 1쇄 발행 2018년 5월 25일

· 지은이 박민희
· 펴낸이 민상기 · 편집장 이숙희 · 펴낸곳 도서출판 드림북
· 등록번호 제 65 호 · 등록일자 2002. 11. 25.
· 경기도 의정부시 가능1동 639-2(1층)
· Tel (031)829-7722, Fax(02)2272-7809

광야의 발자국

■ 약속의 땅을 향한 행진 ■

박민희 지음

드림북

서 언

흔히 사람들은 인생을 여행에 비유하곤 한다. 여행은 출발지가 있고 도착지인 목적지가 있다. 여행은 그러한 출발지와 목적지 사이에서 진행되는 과정적 이야기이다. 물론, 여행에는 홀로 하는 여행도 있고 일행과 함께 하는 여행도 있다. 그것들은 각기 장단점이 있다.

이와 같이, 인생을 여행에 비유할 때 인생이란 여행의 출발지는 모태에서 나오는 출생이고 그 목적지는 죽음과 더불어 묻히게 되는 무덤이다. 그 과정적 이야기는 홀로 하는 여행으로 채워질 때가 있고 다른 사람들과 함께 하는 여행으로 채워질 때도 있다. 그러나 인생 여정의 본질상 이 여행은 홀로 하는 여행이다. 비록 여행길에서 많은 사람들을 만나고 헤어지면서 상호적 관계를 맺으며 살아가지만 그럼에도 우리는 홀로 왔다가 홀로 떠나기 때문이다. 그것이 우리들 인생 여행의 특징이고 성격이다.

다른 한편으로, 인생을 여행의 관점에서 볼 수 있다면 신앙의 삶도 여행의 관점에서 볼 수 있다. 우리는 인생의 어느 시점에서 복음을 듣고 응답함으로써 예수 그리스도 안에서 중생하고 하나님과 그분의 나라를 향한 신앙여행을 시작한다. 그리고 또 다른 인생의 어느 시점에서 죽음을 맞아 영원하신 하나님의 품에 안기게 된다. 이런 점에서, 신앙여행의 출발지는 예수 그리스도 안에서 하나님께로 태어나는 중생이고 신앙여행의 목적지는 하나님 나라의 새 하늘과 새 땅이다. 그리고 이 여행의 출발지인 하늘의 하나님께로 태어남과 이 여행의 목적지인 영원한 하나님의 나라 사이에서 진행되는 과정적 이야기가 곧 신앙생활이다. 우리는 이 신앙여행을 신앙공동체인 교회 안에서 개인적으로 그리고 공동적으로 해 간다.

성서에서 신앙생활을 이 신앙여행의 관점에서 보게 하는 좋은 예는 애굽을 떠나 가나안 땅을 향해 가는 이스라엘 백성의 순례여행이다. 그들의 여행의 출발지는 억압과 고통의 땅 애굽이었고 그들의 여행의 목적지는 하나님이 주신 젖과 꿀이 흐르는 약속의 땅 가나안이었다. 그리고 그들의 삶의 자리는 광야였다. 그들은 광야에서 개인적으로 그리고 공동적으로 자신들의 인생 이야기를 써갔다. 광야는 그들에게 있어서 일종의 영성일기장이었다. 그래서 광야에는 그들을 애굽에서 해방시킨 구속의 하나님 안에서 그들이 삶으로 써 내려간 이야기와 그들이 남긴 영적 발자취가 고스란히 담겨 있다. 그 이야기와 그 발자취가 바로 오경- 특히, 출애굽기, 레위기, 민수기 그리고 신명기-에 나와 있다.

그들의 이야기와 발자취의 중심에는 하나님이 부르시고 그 여행의 지도자로 세우신 하나님의 사람 모세가 있다. 이 책은 이스라엘 백성의 순례여행 이야기에 귀를 기울이면서 그들을 애굽에서 약속의 땅 가나안으로 이끌었던 모세의 믿음, 삶 그리고 지도력을 살피고 성찰한다. 그 과정에서 우리는 점점 더 애굽 같아지고 광야 같아지는 이 세상에서 하나님의 충실한 백성으로 살고자 할 때 우리의 신앙여행에 필요한 귀중한 교훈과 통찰을 얻게 될 것이다.

이 작은 책이 하나님과 그분의 나라 그리고 그분의 교회를 위해 귀하게 쓰임 받기를 소원한다.

감사의 마음을 전할 분들이 많이 있지만 특별히 계속해서 나의 문서사역에 도움을 주면서 하나님의 나라와 그분의 교회를 위해 함께 수고하는 목회자들과 교회들에게 감사의 마음을 전하고자 한다. 김광세 목사님과 서천중앙교회 성도님들, 문광호 목사님과 평강교회 성도님들, 박명룡 목사님과 큰나무교회 성도님들 그리고 배재영 목사님과 복의 근원교회 성도님들께 진심으로 감사한다. 개인적으로 많은 부족함과 어려운 점이 있음에도 포기하지 않고 계속해서 문서사역을 해가는 데 그분들의 포근한 사랑이 너무도 큰 힘이 된다.

끝으로, 부족한 글인데도 흔쾌히 출판을 맡아주신 드림북출판사의 민상기 사장님께도 감사의 마음을 전한다. 짧지 않은 시간 속에서 동역자의 마음으로 함께 문서사역을 해 가고 있다. 우리의 협력을 통해 진행되는 문서를 통한 복음전파 사역이 하나님의 나라와 그분의 교회를 위해 오래도록 귀하게 쓰임 받도록 늘 기도하고 있다. 이 책도 그 기도의 응답이고 열매라고 믿는다. 우리 두 사람을 향한 하나님의 선하신 계획이 계속해서 아름답게 열매를 맺어가기를 간절히 바란다.

2018년 2월 10일

박 민 희

목 차

서론. 우리는 무엇을 따라 살아가는가? • 10

1. 오경과 창세기 1-11장 • 17
2. 오경과 창세기 12-50장 • 28
3. 잊혀진 하나님의 약속? 아니 여전히 기억된 약속 • 38
4 하나님이 모세를 부르시다: 모세와 하나님,
   그 섭리적 만남 • 47
5. 모세, 하나님을 대신하여 애굽 왕 바로 앞에 서다 • 58
6. 하나님의 구원과 모세의 노래 • 69
7. 하나님, 자기 백성의 공급자 • 81
8. 시내산 언약: 하나님과 이스라엘 민족이
   특별 관계를 맺다 • 95
9. 성막, 하나님의 지상 거주지 • 107
10. 말씀을 놓치면 타락한다 • 114
11. 영적 지도자의 조건, 하나님을 경외하기 • 125
12. 거룩하신 하나님을 예배합니다 • 133

13. 떠남과 머무름 그리고 다시 떠남: 하나님의 명령에 장단을 맞추기 • 142

14. 절대 믿음: 하나님의 약속을 신뢰하라 • 150

15. 완전한 지도자 그리고 완전한 따름: 불가능한 가능성 • 159

16. 모세, 출애굽 2세대 그리고 여호수아 • 170

17. 요단 이편-동편-과 저편-서편-사이에서 • 182

18. 설교의 확신: 하나님의 말씀을 들어라 • 191

19. 모세의 설교⑴: 이스라엘 백성의 삶을 위한 신학적 토대 • 199

20. 모세의 설교⑵: 약속의 땅에서 하나님과 함께 하는 삶을 위하여 • 208

21. 모세의 설교⑶: 약속의 땅에서 이웃과 함께 하는 삶을 위하여 • 219

22. 하나님의 사람 모세에게 배우는 믿음과 삶 그리고 지도력 • 232

에필로그 • 254

서론. 우리는 무엇을 따라 살아가는가?

마가복음 6장에는 예수님이 고향에서 말씀사역을 하시다가 배척을 당하신 후 다른 마을들에 다니시면서 복음을 전파하는 이야기가 나온다. 예수님과 제자들이 사역을 해갈 때 많은 사람들이 몰려들었다. 그때 예수님의 눈에 비친 그들의 모습은 마치 "목자 없는 양" 같았고, 예수님은 그런 그들을 불쌍히 여기시고 여러 가지로 가르치셨다(34절).

그들의 "목자 없는 양" 같은 모습은 이 세상에서 인생의 목적이나 목표 또는 방향 없이 그저 시간의 흐름에 떠밀려 살아가는 사람들을 반영한다. 베드로 사도가 자신의 편지의 수신자들을 가리켜 "너희가 전에는 양과 같이 길을 잃었더니 이제는 너희 영혼의 목자와 감독 되신 이에게 돌아왔느니라"(벧전 2:25)고 말했을 때, 예수 그리스도를 믿기 전 그들의 삶은 실제로 "목자 없는 양" 같았다. 그런데 그와 같은 모습은 오늘날 물질적으로 풍요롭고 과학기술적으로 대단히 발전한 시대를 살아가고 있는 사람들의 모습과도 별반 다르지 않다. 그들의 모습은 오늘날 많은 사람들의 모습이기도 하다. 그들은 어느 대중가요의 가사처럼 자신들이 어디서 와서 어디로 가는지 모른 채 그냥 구름이 흘러가듯 떠돌면서 강물이 흘러가듯 정처 없이 흘러서 간다. 시간의 강물 위에서 표류한다.

그리고는 어느 가을날 지는 낙엽처럼 아주 허무하게 사라져간다.

포스트모던 시대의 사람들

오늘날 사람들은 우리가 살고 있는 시대를 가리켜 흔히 근대 후기, 곧 '포스트모던(postmodern) 시대'라고 부른다(그러나 엄밀히 말해서, 제레미 워덴[Jeremy Worthen]이 적절하게 지적하듯이, 그 용어보다는 후기 근대[late modern]라는 용어가 더 적절하다고 할 수 있다. 왜냐하면 우리가 살아가는 오늘날에도 근대주의의 강한 요소들이 여전히 남아 있기 때문이다). 이 시대의 큰 특징 중 하나는 모든 것의 상대화이다. 그리고 그 속에서 살아가는 인간은 다중적 인격을 지닌 분열된 자아로 자신이 누구인지 모른다. 그래서 인간의 정체성 상실은 포스트모던 시대의 또 다른 특징이다. 포스트모던 시대의 인간은 세상 속에서 '표류하는 인간'이다.

포스트모던 시대에는 궁극적 실재가 부정되기 때문에 인간 자신이 가치판단의 기준이 되며 그러므로 모든 것은 상대적인 것이 된다. 절대적인 것이 없는 곳에는 상대적인 것이 지배한다. 물론, 상대성은 주관성에 근거한다. 인간은 주관적으로 자신이 옳고 좋다고 여기는 것을 선택하기에 그 사람에게는 상대적인 것이 또 다른 면에서 절대적인 것이 된다(이런 점에서, 인간의 자율성과 상대성은 또 하나의 절대성이 되며, 그래서 포스트모던 사상은 이 점에서 자기 모순적이다. 상대성을 주장하고 강조하면서도 그 자체가 절대적인 기준이 되니 말이다).

리처드 미들턴(J. Richard Middleton)과 브라이언 왈시(Brian Walsh)는 이렇게 말한다. "포스트모더니티는 다른 모든 세계관을 실재와 보편성에 대해서 타당한 주장을 할 수 없는 일부의 이야기로 본다. 포스트모더니티는 이처럼 다른 세계관을 모두 상대화시키고 자신을 가장 큰 해석적 틀로 만든다. 포스트모던 세계관은 실재는 더 이상 예전과 같지 않고 자아는 다중적이며 탈중심화되었다고 주장한다."

그들은 계속해서 말한다.

포스트모던 시대의 인간들은 점점 더 복제인간처럼 되어 가고 있다. 바로 이것이 이 시대의 비극이다. 포스트모던적 메타내러티브는 우리에게 모든 이야기와 전통의 보편적 주장을 의심하라고 하면서도 포스트모던 세계에서 통합성과 희망을 가지고 살 수 있는 자원을 주지 못한다. 포스트모던 세계관은 모든 이야기들을 지역적인 구성물로 상대화한다. 그러면서 정작 자기 자신이 메타내러티브라는 사실은 모르고 있다. 포스트모던 세계관은 모더니티의 종언으로 생긴 윤리의 혼돈과 야만성에 직면한 우리에게 희망을 주지 못하고 있다…지금 우리가 압박감을 견디지 못하는 것은 지배적인 이야기에 의문을 제기할 수 있는 보다 크고, 초월적인 이야기에 호소할 수 있는 일관된 방법이 없기 때문이다.

메타내러티브, 곧 모든 이야기/담론의 토대가 되는 거대담론을 상실한 포스트모던 시대의 사람들은 존재의 고향을 잃어버린 사람들이다. 존재론적으로, 그들은 "우주적 고아"이다. 내적으로 길을 잃고 끝없이 떠도는 방랑자다. 배가 대양 위를 항해하다 길을 잃고 헤매는 것처럼, 또 인공위성이 궤도를 이탈하여 우주 공간을 떠도는 것처럼, 그들은 자신들의 정체성에 대해 말해줄 수 있는 메타내러티브를 가지고 있지 않기 때문에 떠돈다. 그래서 그들은 "목자 없는 양," 곧 길 잃은 양 같이 살아간다.

메타내러티브에 근거한 삶

사람들이 삶의 근거를 잃어버린 것은 그들이 모든 것의 근원인 창조주 하나님을 버렸기 때문이다. 자신들의 존재의 정체성을 말해주는 참된 메타내러티브, 곧 거대담론으로서의 성서 이야기를 버렸기 때문이다. 인간들은 메타내러티브를 잃어버림으로써 이 세상에서 우주적 고아로 전락하게 되었다. 자신들이 어디서 왔다가 어디로 가는지 제대로 의식하지도 알지도 못한 채 살다가 그냥 아침 이슬처럼 사라져 가는 것이다. 따라서 그들이 존재론적 고향을 찾으려면 무엇보다도 그들은 참된 메타내러티브로서의 성서 이야기를 받아들일 필요가 있다.

이와 관련하여, 미들턴과 왈시는 이렇게 말한다. "우리가 누구든 성서 이야기는 우리의 이야기다. 또한 성서 이야기는 포스트모던의 위기 한복판에 있는 우리에게 뭔가를 말해 주고 있다. '무엇이 문제인가?'라는 질문에 대해 성서는 우리를 지으신 창조주를 향한 반역이 문제라고 대답한다."

그들은 이렇게도 말한다.

성서 속에 새롭게 뿌리를 내려야 기독교인들은 포스트모더니티에 대해 말할 수 있을 것이다. 또한 포스트모던 문화에서 기독교인으로서 살아가는 데에 필요한 기반도 가질 수 있다. 따라서 우리는 무엇보다 먼저 성서를 타협할 수 없는 신앙의 정경적 근거로서 받아들이고 그 속으로 깊숙이 들어가야 한다.

예수님이 "목자 없는 양" 같은 그들에게 여러 가지로 가르치신 가르침의 내용은 메타내러티브, 곧 대 이야기(the Grand Story)이다. 거대담론이다. 메타내러티브는 하나님의 이야기이다. 그것은 이 세상과 그 가운데 있는 모든 것, 곧 우주만물에 대한 창조 이야기이자 구속 이야기이며 장차 완성될 하나님 나라의 이야기이다. 우리는 그 이야기 속에서 우리의 기원이야기를 듣는다. 따라서 우리의 삶이 목자 없는 양 같이 인생의 방향과 길을 잃지 않고 바르게 영위되려면, 우리는 그 이야기를 따라 살면서 그 이야기 속에 거하지 않으면 안 된다. 메타내러티브로서의 성서가 우리의 인도자가 되어야 한다.

메타내러티브의 서론

우리가 성서를 앞쪽에서 펴면 현대인에게는 너무도 낯설게 느껴질 하나의 세상이 펼쳐진다. 거기에서 우리는 낯선 고대 이야기를 접하게 되는데, 그 이야기는 세상에 존재하는 모든 것, 그러니까 우주에 존재하는 모든 것의 기원과 그것을 있게 한 창조주 하나님을 이야기한다.

성서의 첫 번째 책인 창세기와 그 뒤에 나오는 네 권의 책을 통틀어 "오경"(Pentateuch)-일반적으로는 모세를 오경의 저자로 인정해 '모세오경'이라고 부른다-이라고 한다. 특히, 오경은 세 부분으로 나뉘는데, 첫 번째 부분은 인간과 우주 만물의 기원에 관한 원역사를 다루는 창세기 1-11장, 두 번째 부분은 하나님에 의해 부름 받은 아브라함으로부터 요셉에 이르기까지의 족장들에 관한 이야기를 다루는 12-50장, 그리고 세 번째 부분은 이스라엘 백성의 고난과 모세의 부르심 그리고 하나님이 약속하신 가나안 땅에 들어가기 직전까지의 그들의 광야 여정을 다루는 출애굽기부터 신명기까지이다.

오경의 근저에는 하나님 및 그분의 창조와 타락한 인류를 향한 구원계획과 전개가 있다. 그리고 오경의 중심에는 하나님의 사람, 곧 애굽에서 종살이를 하던 이스라엘 백성을 해방시켜 약속의 땅 가나안으로 인도해가는 위대한 지도자 모세가 있다(이 책에서 '지도자'라는 말은 '사역자'로 바꾸어 읽어도 무방하다. 왜냐하면 하나님께 대해 지도자는 또한 사역자이기 때문이다). 하나님은 그를 부르시고 그에게 그 원대한 사명을 주셨다. 때문에 모세는 하나님의 인도하심을 받으면서, 곧 자신이 먼저 하나님의 말씀을 따르면서 동시에 이스라엘 백성을 약속의 땅으로 인도해 가야했기에 그의 순종적 믿음과 지도력은 무엇보다도 중요했다. 그의 믿음과 지도력은 이스라엘의 미래와 함께 묶여 있었다.

모세의 믿음-순종적 믿음-과 삶-응답적 삶-그리고 지도력-책임적 지도력-을 살펴보는 것은 오늘 우리에게도 매우 유익하다고 여겨진다. 왜냐하면 이스라엘 백성과 모세가 처한 상황과 오늘 우리가 살아가는 상황 사이에는 비슷한 점이 많이 있기 때문이다. 물론, 내용 면에서와 연대기적으로는 다를지라도, 종교문화와 상황적으로는 비슷한 점이 많이 있다. 모세와 이스라엘 민족은 "다신론적 믿음과 관습들(practices)의 한가운데서 유일신의 나라를 세우는 일"(D. G. Blevins and M. A. Maddix)을 감당해야 했고, 또 물질적으로 풍부한 가나안 땅에 들어가 물질과 그 땅의 종교들에 지배당하지 않고 하나님의 은혜에 근거하여 공존의 삶을 추구해야 했다.

　마찬가지로, 오늘날 우리는 종교다원적인 세상에서 오직 예수 복음과 예수 신앙을 지키고 견지해야 하고, 또 물질이 최고의 가치로 여겨지고 신이 되어버린 세상에서 물질에 종속되지 않고 물질을 섬기지 않는 청지기직의 삶을 추구해야 한다. 이스라엘 백성에게는 자신들의 참되고 최고의 지도자이신 하나님과 함께 헤쳐 나가야 할 미래가 앞에 기다리고 있었던 것처럼, 우리에게도 하나님의 영 보혜사 성령과 함께 헤쳐 나가야 할 미래가 있다. 그 미래는 결코 만만하지 않지만 우리에게 능력을 주시는 하나님 안에서 강하고 담대한 믿음으로 감당해 가야할 것이다. 그러나 하나님이 결국에는 이스라엘 백성을 약속의 땅 가나안으로 인도하여 그곳에 정착하여 살게 하신 것처럼, 그 동일하신 하나님은 오늘 우리에게도 동일한 은혜와 능력을 베푸셔서 능히 이기며 나아갈 수 있게 해 주실 것이다. 왜냐하면 강하고 위대하신 하나님의 지도력은 당연 최고이며 아주 정확하기 때문이다.

1

오경과 창세기 1-11장

구약성서–유대인의 성서와 그리스도인의 성서–의 첫 부분에 나오는 다섯 권의 책–창세기, 출애굽기, 레위기, 민수기 그리고 신명기–은 흔히 오경(Pentateuch)–'다섯 권의 책'이란 뜻–이라고 불린다. 학자들에 따라 사경–신명기를 뺀 나머지 부분–를 주장하는 경우가 있고, 육경–오경에다 여호수아를 포함시킴–을 주장하는 경우도 있다.

그러나 비록 이스라엘이 하나님의 약속에 따라 젖과 꿀이 흐르는 약속의 땅인 가나안에 들어가 그것을 정복하여 자기들 것으로 만드는 과정까지를 생각하면 육경이 더 적절하겠지만, 하나님이 이스라엘 백성을 애굽에서 그 약속의 땅으로 인도해 가도록 세우신 하나님의 사람 모세의 삶과 사역 그리고 지도력을 고려할 경우에는 오경이 더 적절하다고 볼 수 있다. 실제로, 모세가 오경의 중심인물이라는 점을 감안하면 그것이 더 설득력이 있다.

게다가, 첫 번째 다섯 권의 두루마리 책을 한 묶음 또는 한 단위로 보는 것이 네 권이나 여섯 권의 책을 한 묶음 또는 한 단위로 보는 것보다 더 일반적이다(유진 메릴). 그래서 "모세의 믿음과 삶 그리고 지도력"에 초점을 맞추어 서술해 가려고 하는 이 글에서도 사경이나 육경이 아닌 오경 견해를 수용할 것이다.

오경의 주제

오경은 메타내러티브, 곧 하나님의 대 이야기/거대담론의 핵심적 위치를 점하고 있으며 성서의 나머지 책들—여호수아에서부터 신약의 요한계시록까지—에 대해서도 특별한 위치에 있다. 곧 오경의 주제는 성서의 나머지 책들의 '신학적 토대'가 된다. 성서의 순서에 있어서, 오경이 성서의 맨 앞부분에 나오는 것은 그것이 "모든 신학적 연구의 원천이라는 전제를 확인해 준다"(메릴). 그런 이유로, 오경 다음에 나오는 구약의 책들은 오경을 회상하면서 거기에서 영감을 받으며, 신약은 야웨 신앙과 윤리에 관한 가르침의 근거를 다름 아닌 오경에서 찾는다. 이처럼, 오경 외의 성서 전체는 오경의 주제에 영향을 받으며 그것의 주제를 발전시키고 있다고 말할 수 있다(웬함).

그러면 구체적으로 오경의 주제는 무엇인가? 이것에 대한 견해는 학자들과 개인에 따라 다를 수 있고 또 실제로 다르지만, 그것들 중에 고든 웬함(Gordon Wenham)의 견해가 설득력 있게 들린다. 그는 오경의 주제를 이렇게 정의한다. "오경의 주제는, 인류를 향한 하나님의 원래 계획의 재확증이자, 하나님의 자비와 모세의 협력을 통한, 족장들에게 주신 약속의 성취다. 모세가 죽기 전에는 어느 정도 이 약속은 성취되었지만 완전한 성취는 미래를 기다리고 있다."

이 정의에는 우리가 주목해서 볼 필요가 있는 말이 세 가지가 있다. 첫째는 인류를 향한 하나님의 원래 계획이고, 둘째는 하나님의 자비와 모세의 협력이며, 셋째는 족장들에게 주신 약속이다.

성서에서 연대기적 순차로 보면, 인류를 향한 하나님의 원래 계획이 첫 번째로 나오고(창 1-2장), 족장들에게 주신 약속이 두 번째로 나온다(특히, 창 12장 1-3절이 핵심적인데, 이 약속은 그 다음에 나오는 오경의 나머지 부분에서 전개되는 이야기의 방향을 설정해 준다). 그리고 하나님의 자비와 모세의 협력, 곧 하나님의 해방하시고 자유롭게 하시는 능력에 근거하여 이스라엘 백성을 애굽에서 가나안 땅으로 인도해 가는 모세의 사역이 세 번째로 나온다.

신학적으로는 첫 번째 요소가 두 번째 요소와 세 번째 요소에 우선하며 그 둘을 이끈다. 첫 번째 요소의 핵심은 '하나님의 피조물의 완전한 조화와 평화'인데, 그것은 창세기의 첫 부분에서 볼 수 있다. "하나님이 지으신 그 모든 것을 보시니 보시기에 심히 좋았더라 저녁이 되고 아침이 되니 이는 여섯째 날이니라"(창 1:31).

그러나 인물로는 모세가 오경에서 주도적이다. 오경의 중심에는 하나님의 사람, 곧 이스라엘 민족의 지도자로 부름 받아 쓰임 받는 모세가 있다. 실제로, 오경은 "기본적으로 모세에게 기원을 두고 있다"(빌 아놀드/브라이언 베이어). 그는 분명 출애굽기에서부터 신명기 전체에 걸쳐 주도적인 인물이다. 우리는 거기에서의 모세의 중심성을 부정할 수 없다.

그런 점에서, 오경의 네 부분인 출애굽기에서 신명기까지를 "모세의 전기"로 보는 웬함의 이해는 적절하다고 볼 수 있다. 더욱이 그는 오경 전체를 모세의 전기로 보면서, 다시 말해 "오경을 모세의 전기 형태로 쓴 토라 혹은 '교훈'으로 정의하는 것이 가장 바람직할 것"이라고 보면서 오경에서의 모세의 중심성을 강조한다.

창세기 1-11장과 오경의 모세: 그 열한 장의 두 가지 기록 목적

그러나 오경을 모세의 전기로 보는 웬함 자신이 언급하듯이, 오경 전체를 모세의 전기로 정의할 때 다소 어려움이 생긴다. 왜냐하면 표면적으로 오경 전체가 그 정의와 부합하지 않기 때문이다. 실제로, 창세기에는 모세에 대한 언급이 전혀 나오지 않으며, 그래서 창세기는 모세와는 직접적으로 연관이 없는 것처럼 보인다.

그런데도 오경의 주제를 '모세의 전기'로 보면서 창세기와 오경의 나머지 네 권의 책을 서로 관련 있는 것으로 보는 것이 가능하고 타당한가? 학자들이나 독자들의 견해에 따라 그렇지 않다고 보는 사람들도 있을 것이고 그렇다고 보는 사람들도 있을 것이다.

그러나 하나의 중심 줄거리를 지닌 이야기/내러티브의 관점에서 보면, 창세기는 오경의 나머지 부분과 관련 있는 것으로 볼 수도 있을 것이다. 아니, 그렇게 보는 것이 더 타당하다고 여겨진다. 물론, 그렇게 주장할 경우에 그것에 대한 적절한 설명은 당연히 주어져야 할 것이다.

만일 창세기와 오경의 나머지 네 권을 분리시켜 서로 무관한 것으로 읽게 되면 그 두 부분이 함께 연결 지어 나올 필요가 없을 것이고, 특히 두 부분–창세기 1-11장과 12-50장–으로 구성된 창세기에서 한 권의 책 안에 있는 서로 다른 두 부분의 관계성에 대해서 적절한 설명이 있어야 할 것이다. 그러나 그럴 경우 설명하기가 쉽지 않다.

반면에 창세기와 오경의 나머지 부분들 사이의 관계성을 인정하게 되면, 창세기를 오경, 곧 '모세의 전기 형태로 쓰인 하나님의 교훈'의 나머지 부분의 서문으로 보는 것이 타당할 것이다. 우리는 창세기를 출애굽기로부터 시작되는 모세와 이스라엘 백성의 이야기에 대한 도입부로 볼 수 있을 것이다.

앞서 언급한 것처럼, 창세기는 흔히 "원역사"라고 불리는 "이스라엘의 전주곡"으로서의 창세기 1-11장과 "족장들: 이스라엘의 믿음의 조상들"에 대한 이야기로서의 창세기 12-50장으로 구성된다(아놀드/베이어).

특히, 인류의 원역사로서의 창세기 1-11장의 이야기는 두 가지 목적을 지닌다. 첫째는 우주 만물이 어떻게 존재하게 되었는지를 설명하는 것이고, 둘째는 하나님이 모세를 부르시고 사용하신 이유에 대한 배경을 설명하는 것인데, 모세의 소명은 창세기 12장 1-3절에 나오는 아브라함의 소명의 이유와 목적에 근거한다. 그러므로 우리는 창세기 1-11장을 읽을 때 그 두 가지를 염두에 둘 필요가 있다. 곧 하나님은 인간을 포함하여 우주 만물을 지으신 분이라는 것과, 창세기 1-11장에서 나타나듯이 하나님의 창조는 선했지만 인간의 반항과 불순종 때문에 하나님의 계획에 차질이 생겼고 그로 인해 하나님은 자신의 새로운 계획을 세우지 않으실 수 없었다는 것이다.

하나님, 우주 만물과 인간의 근원

프란시스 쉐퍼(Francis F. Schaeffer)는 창세기 1-11장에 관한 저서에서 이렇게 말한다. "어떤 점에서 이 장들[창세기 1-11장]은 성서에서 가장 중요한 장들이다. 왜냐하면 그것들은 인간을 그의 우주적 환경에 두며 그에게 그의 기이한 독특성을 보여주기 때문이다." 그것들은 "성서의 중심적 단락"으로서 "우주의 창조로부터 아브라함의 소명과 이스라엘 역사의 시작까지 사건들의 진행을 추적한다"(쉐퍼).

특히, 창세기 1-11장은 하나님의 우주 만물 창조, 인간의 타락, 인류의 번성과 그에 따른 죄의 확산을 다루는데, 그런 어둡고 절망적인 상황에서도 거기에는 네 개의 희망의 불빛, 곧 하나님의 여명의 빛이 비추어 그 어둡고 절망적인 상황에 한 가닥 희망을 드리운다. 그 네 가지 희망의 불빛은 원복음의 제시(3:15), 에녹의 하나님과 동행하는 삶(5:21-24), 노아의 충실한 믿음에 주어진 언약/약속(9:8-17), 그리고 셈의 족보 속 데라의 아들 아브라함의 등장(11:27-32)이다. 특히, 하나님이 아브라함을 부르시고 그에게 주신 약속은 오경의 나머지 부분과 구약성서 전체를 지배하고 관통하는 신학사상으로 작용한다.

창세기의 첫 번째 진술이자 성서 전체의 맨 처음 진술인 "태초에 하나님이 천지를 창조하시니라"는 성서 전체의 기조를 이룬다. 존재하는 모든 것은 창조주 하나님으로부터 왔다는 것을 말해준다. 이 세상에 존재하는 모든 것은 우연히 존재하게 된 것이 아니라 원인이 있었다는 것이다. 그 원인은 창조자 하나님이다. 영원히 계시는 창조자 하나님이 존재하는 모든 것을 있게 하셨다는 것이다.

물론, 고대 근동에는 창세기의 창조이야기와 비슷한 이야기들이 여럿 있었다. 그래서 어떤 사람들은 창세기 기자가 그것들을 빌려와서 사용했다고 말한다. 그러나 아놀드와 베이어가 말하듯이, "구약성경이 고대 근동의 상응하는 이야기에서 따온 것이라는 증거는 없다. 오히려 구약성경은 고대세계의 여러 저자들이 궁금해 하던 것에 대해 답을 주며 이스라엘의 특정적인 신학을 나타낸다. 오직 성경만이 이런 삶의 중요한 질문들에 대해 영감 된 대답을 줄 수 있다."

하나님의 6일간의 창조는 창조자 하나님이 보시기에 좋았다. 더욱이, 인간의 창조와 함께 하나님의 창조는 완전한 모습을 갖추게 되었고 하나님의 안식과 더불어 절정에 이르게 되었다. "하나님이 지으신 그 모든 것을 보시니 보시기에 심히 좋았더라 저녁이 되고 아침이 되니 이는 여섯째 날이니라"(창 1:31). "하나님이 그가 하시던 일을 일곱째 날에 마치시니 그가 하시던 모든 일을 일곱째 날에 안식하시니라"(창 2:2).

하나님의 창조는 "처음부터 하나님의 목적에 있어서 중요한 요소"였다(메릴). 하나님의 창조에서 특별히 중요한 것은 인간의 창조이며, "인간에 대한 하나님의 목적은 그의 활동 무대를 제공하는 천지창조와 연결된다"(메릴). 그래서 인간이 빠진 하나님의 창조는 생각할 수 없는 것이었다. 왜냐하면 "다른 모든 피조물들은 인간을 위해 창조되고 제공되었기 때문이다"(메릴).

창세기 1-11장에서, 특히 1장 26-28절은 "신학적 중심"이다(메릴). 그 구절들은 하나님이 인간을 창조하신 의도와 목적을 처음으로 언급한 최초의 본문이기 때문이다. 그것들은 인간 창조의 "가능적 측면"을 말해준다(메릴).

> 하나님이 이르시되 우리의 형상을 따라 우리의 모양대로 우리가 사
> 람을 만들고 그들로 바다의 물고기와 하늘의 새와 가축과 온 땅과 땅
> 에 기는 모든 것을 다스리게 하자 하시고 하나님이 자기 형상 곧 하
> 나님의 형상대로 사람을 창조하시되 남자와 여자를 창조하시고 하나
> 님이 그들에게 복을 주시며 하나님이 그들에게 이르시되 생육하고
> 번성하여 땅에 충만 하라. 땅을 정복하라. 바다의 물고기와 하늘의 새
> 와 땅에 움직이는 모든 생물을 다스리라 하시니라.

이 본문은 인간의 존재와 정체성 그리고 목적과 관련하여 중요한 세 가지를 가르친다.

첫째, 인간은 하나님의 형상을 따라 지음을 받은 특별한 피조물이라는 것이다. 인간은 다른 모든 피조물들과 본질적으로 다른 존재라는 것이다. 그래서 인간은 하나님과 영적으로 교통할 수 있고 하나님의 말씀에 반응─순종 또는 거부 두 가지 모두─할 수 있는 존재이다.

둘째, 인간은 남자와 여자로, 곧 성적 존재로 지음을 받았다는 것이다. 인간의 이런 특성은 그 다음 장에 나오는 "이러므로 남자가 부모를 떠나 그의 아내와 합하여 둘이 한 몸을 이룰지로다"(2:24)라는 말씀의 근거가 된다. 이와 같이, 성서에서는 "일부일처혼이 하나님의 결혼법칙으로 제시된다"(Buckner B. Trawick). 인간이 결혼을 할 수 있는 것은, 인간은 성적 존재로서 이성을 느낄 수 있기 때문이다. 한 남자와 한 여자가 육신의 부모를 떠나 하늘에 계신 본래의 부모이신 하나님의 명령과 말씀에

따라 한 몸을 이루어 새로운 가정을 꾸리는 것이 결혼에 대한 성서적 가르침이다.

또한 하나님이 인간을 남자와 여자로 지으셨다는 것은 그들을 동등하게 지으셨다는 것을 말한다. 그래서 남자와 여자는 기능적으로 다를 뿐 하나님의 형상을 따라 지음 받아 동일한 존엄성을 지닌 하나님의 피조물이다. 무슬림 남자들이 주장하는 것과는 달리, 남자는 결코 여자보다 월등하지 않으며, 여자는 결코 남자보다 하등하지 않다. 하나님의 창조에서 남자와 여자는 존재론적으로 그리고 인격적으로 동등하다.

셋째, 인간은 하나님으로부터 다스리는 권한을 받은 청지기라는 것이다. 청지기직은 인간의 본래적인 됨됨이다. 그것은 인간에게 부여된 존재와 삶의 방식이다. 인간은 하나님을 섬기고 예배하면서 그분의 명령을 따라 이 세상을 돌보고 다스릴 권한과 책임을 지니고 있다.

그러나 인간은 하나님의 말씀에 불순종하고 하나님께 반항함으로써 영적으로 죽게 되었을 뿐만 아니라 자신이 부여받은 권한을 박탈당하고 에덴동산(메릴은 에덴동산을 "하나님께서 땅 가운데 독특한 방식으로 머무르시면서 그의 형상을 입은 대리자와의 교제를 갖기 위한 장소로서 영토[에 대한 축소판"으로 이해한다)-하나님의 임재를 상징함-에서 추방되었다. 인간의 이런 실존적 운명은 모든 인간에게 피할 수 없는 것이 되었다.

다른 한편으로, 인간의 그런 운명은 하나님 편에서 새로운 계획을 추진하는 계기가 되었다. 그 계획의 원형적 근거는 창세기 3장 15절에서 들려온다. "내가 너로 여자와 원수가 되게 하고 네 후손도 여자의 후손과 원수가 되게 하리니 여자의 후손은 네 머리를 상하게 할 것이요 너는 그의 발꿈치를 상하게 할 것이니라."

하나님의 이런 구원계획은 아브라함에게서 아주 구체적으로 나타나기 시작했다. 하나님은 그를 사용하기로 결정하시고 그를 부르셨다. 그를 통해 한 민족을 형성하고 그 민족을 통해 온 민족이 복을 받게 하기 위해서였다. 그러나 하나님은 그와 언약을 맺으실 때 이렇게 말씀하셨다. "해질 때에 아브람에게 깊은 잠이 임하고 큰 흑암과 두려움이 그에게 임하였더니 여호와께서 아브람에게 이르시되 너는 반드시 알라 네 자손이 이방에서 객이 되어 그들을 섬기겠고 그들은 사백 년 동안 네 자손을 괴롭히리니 그들이 섬기는 나라를 내가 징벌할지며 그 후에 네 자손이 큰 재물을 이끌고 나오리라"(창 15:12-14).

모세는 하나님의 이런 예언의 말씀과 그것이 실제로 그대로 일어난 역사적 상황 하에서 고난 가운데 태어나 하나님의 주권 안에서 운명적으로 그리고 섭리적으로 하나님의 부르심을 받아 이스라엘 민족의 지도자로 세움을 받게 되었다. "이제 가라 이스라엘 자손의 부르짖음이 내게 달하고 애굽 사람이 그들을 괴롭히는 학대도 내가 보았으니 이제 내가 너를 바로에게 보내어 너에게 내 백성 이스라엘 자손을 애굽에서 인도하여 내게 하리라"(출 3:9-10).

따라서 우리는 오경의 중심에는 하나님이 세우신 이스라엘 민족의 지도자 모세가 있다고 말할 수 있다. 그런 이유로, 오경은 모세의 전기-그의 소명과 지도력-를 바탕으로 다섯 권의 두루마리 책이 서로 내적으로 연결되어 있는 하나의 내러티브/이야기라고 말할 수 있다. 오경의 첫 번째 책인 창세기를 구성하는 두 부분 가운데 첫 번째 부분인 1-11장은 모세가 소명을 받게 되는 원인이며, 또한 그것에 앞서 서는 아브라함이 소명을 받게 되는 원인이었다. 창세기의 첫 번째 부분인 창세기 1-11장과 창세기의 두 번째 부분인 창세기 12-50장은 그렇게 연결되어 있다. 창세기가 없으면 오경의 나머지 부분이 불완전하게 되듯이, 창세기의 첫 부분과 두 번째 부분 중 어느 하나가 없으면 다른 하나는 불완전하게 된다. 그것이 그 둘을 하나의 이야기의 관점에서 보아야 하는 이유이며, 동시에 창세기를 출애굽기에서부터 신명기까지의 이야기의 서론으로 보아야 하는 이유이기도 하다.

2

오경과 창세기 12-50장

앞에서 살펴본 대로, 성서의 맨 앞에 나오는 다섯 권의 두루마리 책인 오경은 모세가 중심에 있는 사경인 출애굽기, 레위기, 민수기 그리고 신명기와 성서의 첫 번째 책인 창세기가 함께 묶여 이루어진 하나님의 말씀이다. 그러나 비록 외적으로는 모세와 창세기가 무관해보일지라도, 내적으로는 상호적인 특별한 관계가 있다는 것과, 특히 원역사로 불리는 창세기의 첫 번째 부분인 1-11장은 만물의 기원에 대한 설명일 뿐만 아니라 오경의 나머지 부분에 대한 서론 역할을 한다는 것을 우리는 살펴보았다.

그러나 족장들-아브라함부터 요셉까지-의 이야기를 담고 있는 창세기의 두 번째 부분인 12-50장은 오경의 나머지 책들인 출애굽기, 레위기 민수기 그리고 신명기와, 모세의 소명과 역할에 대한 기초로서 좀 더 구체적인 계획과 설명을 제공한다. 특히, 하나님이 아브라함을 부르시고 그에게 약속을 주시는 부분인 창세기 12장 1-3절은 오경의 핵심부분이다. 오경은 그리고 그 이후의 구약성서와 신약성서는 그 부분을 바탕으로 전개되기 때문이다.

창세기 12-50장과 오경

창세기의 두 번째 부분인 12-50장은 "창세기의 중심 이야기"(웬함)로서 네 명의 족장들, 곧 아브라함, 이삭, 야곱 그리고 요셉의 삶을 바탕으로 구성된다. 특히, 창세기의 두 번째 부분은 창세기 첫 번째 부분인 1-11장과 오경의 나머지 부분 사이를 잇는 가교역할을 한다. 그러니까 사경의 모세의 이야기가 있기까지에는 창세기 12-25장의 족장들의 이야기가 있었고 그 족장들의 이야기가 있기까지에는 창세기 1-11장의 이야기가 있었다. 다시 말하면, 창세기 1-11장의 이야기가 있으므로 창세기 12-50장의 족장들의 이야기가 있을 수 있었고, 그 족장들의 이야기가 있으므로 모세의 이야기가 있을 수 있었다.

그 세 이야기의 각 부분에는 하나님의 부르심과 부름 받은 자가 감당해야 할 사명 그리고 그에게 주어지는 약속이 있다. 특히, 그 세 부분의 이야기에는 그 중심에서 서로 연결되고 그것을 관통하는 공통점이 하나 있는데, 그것은 성서 전체를 관통하며 요한계시록에서 분명하게 드러나는 궁극적인 성서적 비전이다.

그러면 그 공통점, 그 궁극적인 성서적 비전은 무엇인가? 그것은 바로 하나님의 계획의 실현인 하나님의 통치에 대한 만물의 순종을 통한 샬롬(평화)의 구현이다. 이것은 세 이야기의 사례에서 분명하게 드러난다. 그

세 사례는 에덴동산의 하나님과 아담/하와, 하란의 하나님과 아브라함, 그리고 미디안 광야의 하나님과 모세인데, 특히 미디안 광야의 모세는 젖과 꿀이 흐르는 땅인 가나안의 하나님과 모세를 예시한다.

성서에서 가나안 땅이 특별한 것은 그것이 하나님이 이스라엘 백성에게 주신 젖과 꿀이 흐르는 약속의 땅이라서 라기보다는 에덴동산을 반영하며 새 에덴동산을 나타내기 때문이다. 그러니까 가나안 땅은 전 인류를 향한 하나님의 새로운 계획의 시작점인 것이다.

본래 에덴동산은 하나님이 자신의 피조물들과 함께 하시면서 그들에게 복을 주시는 임재의 자리였다. 그곳은 하나님의 피조물인 인간이 자기의 창조자가 베풀어주신 은혜의 공급에 근거하여 살기에 가장 적합한 곳이었다. 그곳은 인간의 삶을 위한 최적의 장소였다. 그러나 인간은 자기의 욕심과 잘못되고 불가능한 야망 때문에 창조자 하나님께 반항함으로써 낙원을 잃어버릴 뿐만 아니라 하나님의 생명도 잃어버리게 되었다. 영적으로 죽은 존재가 된 것이다.

그러나 은혜의 하나님은 비록 인간이 하나님께 반항했지만 그들에게 은혜를 베푸셔서 하나님과 함께 새로운 삶의 세계를 이루게 할 기회를 제공해주셨다. 그 새로운 삶의 세계의 출발지가 바로 가나안 땅이었다. 만물을 지으심으로써 만물의 소유주가 되시는 하나님은 자기를 거부하고 우상을 섬기는 가나안 땅의 모든 악한 인간들을 몰아내시고 그곳에서부터 자기를 온전히 섬기는 하나의 백성, 곧 이스라엘 백성과 함께 자기를 섬김으로써 자기에게 복 받는 온 세상을 이루어 가실 계획을 세우셨다. 그래서 하나님의 계획대로라면, 그곳에서부터 하나님이 에덴동산에서 의도하신 하나님의 뜻과 계획이 새롭게 시작될 것이며 궁극적으로는 온 세상과 전 인류를 지향할 것이다. 실제로, 하나님의 계획은 이미 아담과 하와에게 "생육하고 번성하여 땅에 충만하라"(창 1:28)고 말씀하셨을 때 온 땅과 전 인류를 염두에 두신 것이었다.

이런 점에서, 창세기 1-11장과 12-50장 그리고 오경의 다른 네 권의 책은 내적으로 그리고 하나님의 계획적으로 서로 연결되어 있다고 말할 수 있다. 이것은 이스라엘 민족의 지도자로서의 모세의 사역은 성서적으로 그리고 신학적으로 창세기의 두 부분인 1-11장 그리고 12-50장과 나눌 수 없음을 의미한다.

창세기 12-50장 이전의 믿음의 계보

창조주 하나님의 피조물인 인간 아담과 하와가 하나님 앞에서 타락한 후, 인간은 에덴동산에서 추방되어 하나님을 떠나 살아가는 존재가 되었다. 그런 인간의 실존에 대한 분명한 설명은 가인의 삶에서 드러나는데, 가인은 동생 아벨을 죽이고 하나님께 심판을 받을 때 하나님으로부터 "너는 땅에서 피하며 유리하는 자가 되리라"(창 4:12)는 말씀을 들었고, 성서는 그 이후 그의 삶과 관련하여 이렇게 설명한다. "가인이 여호와 앞을 떠나서 에덴 동쪽 놋 땅에 거주하더니…가인이 성을 쌓고 그의 아들의 이름으로 성을 이름하여 에녹이라 하니라"(창 4:16).

하나님 없이 살아가는 인생은 자기의 삶의 조건이나 상황에 상관없이 근본적으로는 이 세상에서 유리하는 존재, 떠도는 존재, 하염없이 맴돌다 가는 존재이다. 그런 존재는 외부의 공격으로부터 자신을 지키기 위해서 끊임없이 자신만의 성을 쌓는다. 스스로 자신을 지키고 보호하기 위해서 자신의 보호벽을 쌓는 것이다. 그러나 그것도 결국에는 무용지물이 되고 만다. 왜냐하면 그 안에 거하는 자신이 때가 되면 죽어 흙으로 돌아가게 되기 때문이다.

비록 아담과 하와가 타락한 후 대부분의 인간은 하나님을 떠나 사는 존재가 되었지만, 그런 중에서도 하나님을 섬기는 계보가 이어진 것도 사실이다. 인류의 역사에는 끊임없이 하나님을 거부하는 불경건한 계보가 있는가 하면(사도 바울은 이런 성향을 인간이 "마음에 하나님 두기를 싫어"는 것으로 묘사한다[롬 1:28]), 하나님을 섬기고 하나님과 동행하는 삶을 살았던 경건한 계보도 있었다. 삼백년 동안 하나님과 동행하는 삶을 살았던 에녹이나 "의인이요 당대에 완전한 자"요 "하나님과 동행"(창 6:9)하는 삶을 살았던 노아가 그런 사람이었다.

특히, 홍수 이후 모든 세대가 죽었고 노아가 최고 연장자였기 때문에 노아는 아담처럼 전 인류의 조상과 같은 사람이었다. 그러나 불행하게도 노아는 아담과 하와 이후 하나님과 새로운 언약을 맺었음에도 불구하고 "금지된 과일을 먹은 아담을 떠올리게 하는 행동을 한다"(웬함). 노아는 포도주를 너무 마시고는 취하여 추한 행동을 했고 그의 아들 함은 그런 행동을 비난한다. 그로 인해 결국 노아는 함의 손자 가나안을 저주한다. 물론, "가나안을 향한 노아의 저주는 장차 가나안이 이스라엘에게 정복될 것을 미리 보여 준다"(웬함)(흥미로운 것은 아브라함과 이스라엘 민족은 셈의 후예들이라는 것과 이스라엘을 대적했던 애굽이나 앗수르나 바벨론과 같은 거대 세력들은 함에게서 나왔다는 것이다)라고 말할 수 있지만 그러나 노아의 행동은 분명 바르지 못한 것이었다.

함과 그의 아들 가나안에 대한 노아의 저주는 바람직한 것이 아니었지만, 그럼에도 결과는 그런 방향으로 흘렀다. 아담의 악한 아들 가인의 후손들이 모든 면에서 악한 삶을 살았고 그로 인해 홍수로 심판을 받았던 것처럼, 함의 후손들도 더욱 악하게 되어 결국에는 바벨탑에서 심판을 받게 되었다.

하나님이 아브라함을 부르시다: 하나님이 아브라함에게 주신 네 가지 약속

성서는 함의 후손들이 시날 평지에서 바벨탑을 쌓다가 하나님의 심판을 받고 흩어질 때 곧바로 셈의 족보를 소개한다. 그리고 셈의 후보의 말미에 데라의 족보를 소개하는데, 거기에 믿음의 조상 아브라함이 처음 등장한다. 아브라함이 중요한 것은, 구약성서 전체는 "아브라함의 자손들과 땅의 관계, 한 민족으로의 성장, 그리고 여호와와 아브라함의 자손들 간의 독특한 관계 등의 주제를 중심으로 전개"(웬함)되기 때문이다.

아브라함은 본래 갈대아 우르에서 살았지만 아버지와 함께 가나안 땅으로 이주하다가 하란에서 거하게 되었다(성서는 그 떠남이 하나님의 부르심에 근거한다고 본다. 사도행전 7장 1-2절을 보라). 그리고 거기에서 하나님의 부르심을 받게 된다. 하란의 하나님과 하란의 아브라함의 만남이었다.

그러던 어느 날, 하나님이 그에게 나타나셨는데, 그것이 창세기의 두 번째 부분의 시작이고 창세기의 중심 이야기의 시작이다. 그 시작은 하나님의 부르심과 함께 이렇게 시작되며, 창세기에 따르면 그의 소명은 "인류를 향한 위대한 도약"(웬함)이었다. 하나님은 아브라함에게 이렇게 말씀하시면서 그를 부르셨다. "너는 너의 고향과 친척과 아버지의 집을 떠나 내가 네게 보여 줄 땅으로 가라 내가 너로 큰 민족을 이루고 네게 복을 주어 네 이름을 창대하게 하리니 너는 복이 될지라 너를 축복하는 자에게는 내가 복을 내리고 너를 저주하는 자에게는 내가 저주하리니 땅의 모든 족속이 너로 말미암아 복을 얻을 것이라"(창 12:1-3).

이것은 "언약에 대한 최초의 계획적인(programmatic) 언급"(메릴)으로 인류에 대한 홍수심판 이후에 하나님이 "인간에게 처음으로 하신 말씀"이며 "창세기 전체의 주제를 요약"해 준다(웬함). 특히, 이 말씀에는 네 가지의 약속이 담겨져 있다. 첫 번째 약속은 "땅"이고 두 번째 약속은 "많은 자손"(큰 민족)이다. 세 번째 약속은 "복"(보호와 성공)이고 네 번째 약속은 "땅의 모든 민족의 복"이다.

오경과 구약의 나머지 부분들은 이 약속의 성취와 관계가 있다. 곧 하나님이 아브라함에게 주신 이 약속은 오경 전체를 통해 점진적으로 성취되어 간다. 아니, 신실하신 하나님은 이스라엘 백성의 불순종과 다른 외적인 상황들에 의해 저항을 받기도 하지만 자신이 하신 약속을 점차로 성취해 가신다. 그리고 결국에는 온전히 성취되고 성취된다.

그러나 하나님이 아브라함에 주신 이 약속은 새로운 것이 아니다. 그것은 하나님이 인간을 창조하시면서 본래부터 인류에게 의도하신 것이다. 웬함은 이렇게 말한다. "구약 전체의 비전은 아니더라도 창세기의 오랜 비전은 죄의 지배가 끝나고 이 세상이 하나님께서 원래 의도하신 대로 되는 것이다. 아브라함 때문에 인류는 이 목적을 향해서 나아가기 시작한 것이다." 그리고 그것은 성서의 궁극적인 비전을 지향한다.

다른 족장들의 이야기: 이삭, 야곱 그리고 요셉

하나님이 아브라함에 주신 약속은 또 다른 족장들인 이삭과 야곱과 요셉에게로 이어졌다. 만일 아브라함에게 자녀가 없었다면 하나님이 그에게 주신 약속은 아무리 좋고 원대한 것이라 할지라도 무용지물이 되었을 것이다. 그런 점에서, 아브라함에게 주신 하나님의 약속은 이미 그의 후손을 전제하고 있었다. 비록 그가 아흔아홉 살에 자식이 없었을 때에도 그의 약속은 유효했다. 그것은 유한하고 연약한 아브라함 스스로 만든 것이 아니라 전능하신 하나님이 주신 것이기에 하나님 자신이 이루실 것이었다.

창세기 17장에는 하나님이 구십구 세 때에 아브라함에게 나타나셔서 그와 언약을 맺으시면서 언약의 표징으로서 할례를 명하시는 장면이 나온다. 하나님은 아브라함에게 "나는 전능한 하나님이라 너는 내 앞에서 행하여 완전하라 내가 내 언약을 나와 너 사이에 두어 너를 크게 번성하게 하리라"(1-2절)고 말씀하신 다음에 "네가 여러 민족의 아버지가 되리라"(4절)고 말씀하셨다. 이 말씀은 아브라함에게 자녀가 없으면 불가능한 것이었다. 그래서 이 말씀은 아브라함에 자녀가 있을 것을 전제하는 것이었다. 실제로, 하나님은 그에게 아들을 약속하시고는 백세에 아들을 주셨다. 이삭이었다.

이삭은 족장들 중에서 가장 평온한 삶을 살았던 사람이다. 당연히 인간적인 면에서 여러 불완전한 모습이 있기는 했지만, 그의 믿음은 탁월했다. 특별히 그의 믿음이 빛난 것은 모리아산에서였다. 그는 아버지 아브라함이 하나님의 말씀에 순종하여 자신을 하나님께 산 제물로 바치려했을 때 순수하게 제물로 바쳐졌다(창 22장). 이 사건을 통해 아브라함은 믿음의 신실성, 곧 하나님께 대한 순종의 믿음을 확인받았고(그는 하나님으로부터 "네가 네 아들 네 독자까지도 내게 아끼지 아니하였으니 내가 이제야 네가 하나님을 경외하는 줄을 아노라"(창 22:12)는 말씀을 들었다), 이삭도 그 사건을 통해 순종하는 믿음을 확인받았다.

하지만 이삭과 그의 아내 리브가는 자식에 대한 편견이 있었다. 이삭은 장자인 에서를 사랑했고, 리브가는 야곱을 더 사랑했다. 특히, 리브가는 야곱에게 아버지로부터 장자의 축복을 받도록 하기 위해 아버지를 속이도록 했다. 그러므로 의도적이지 않았을지라도, 야곱은 어머니로부터 교활함과 사기 치는 것을 배웠다. 역설적이게도, 그는 후에 그 자신이 삼촌 라반과 자녀들에게 속임을 당하게 된다.

야곱은 하나님이 아브라함을 통해 주신 약속의 상속자가 되기 위해 변화를 받을 필요가 있었다. 그리고 하나님의 섭리와 훈련의 시간표에 따라 점차로 변화를 받아 하나님의 훌륭한 사람이 되었다.

비록 메시야의 가계는 야곱의 아들 유다를 통해서 이어지지만, 요셉은 족장들 중 한 사람으로 인정을 받는다. 요셉은 모든 사람과 마찬가지로 인간적인 면에서 여러 약점이 있었지만 그럼에도 하나님을 경외하는 삶을 살았다(창 39:9). 역설적이게도 하나님을 경외하는 삶으로 말미암아 요셉은 오히려 고난을 받게 되었다. 그러나 요셉은 고난 속에서도 하나님에 대한 믿음을 잃지 않았다. 성서의 놀라운 증언은, 그가 평온할 때뿐만 아니라 감옥과 고난 가운데 있을 때에도 "여호와께서 요셉과 함께 하셨다"는 것이다(창 39:2, 3, 21, 23). 이것은, 하나님은 자신을 경외하고 신실한 사람에게 복을 주시고 잘 되게 하신다는 성서의 약속에 대한 증거이다.

창세기의 마지막 장의 마지막 절(50:26)은 요셉이 백십 세에 죽어 애굽에서 입관되었다는 것을 소개하면서 끝이 난다. 요셉의 죽음 후에 시간이 흘러 역사적 장면이 바뀌게 된다. 그것이 바로 출애굽기의 시작점이고 그와 더불어 하나님의 탁월한 지도자 모세가 등장하게 되는 계기가 된다.

이처럼, 창세기는 모세와는 외적으로 그리고 직접적으로 무관한 것처럼 보이지만, 오경의 이야기/내러티브의 관점에서 보면 모세가 중심인 오경의 서론 역할을 하는 것이다. 이제 우리는 앞으로 모세의 삶과 신앙 그리고 그의 탁월한 지도력에 대해 좀 더 구체적으로 살펴보게 될 것이다.

3

잊혀진 하나님의 약속?
아니 여전히 기억된 약속

창세기는 마지막 족장 요셉의 죽음과 함께 막을 내린다. "요셉이 백십 세에 죽으매 그들이 그의 몸에 향 재료를 넣고 애굽에서 입관하였더라"(창 50:26). 그리고 하나님이 아브라함을 통해 주신 이스라엘과 전 인류를 향한 약속의 이야기는 앞서 탐구한 것처럼 오경이 하나의 주제를 바탕으로 한 이야기/내러티브이기에 당연하고도 자연스럽게 오경의 두 번째 책인 출애굽기를 통해 이어지지만 상황은 완전히 바뀌어 있었다. 창세기의 마지막 부분과 출애굽기의 초반 부분은 당혹스러울 정도로 분위기가 사뭇 다를 뿐만 아니라 대조적이다. 적잖이 절망적이기도 하다.

모세의 출생의 배경을 설명하는 출애굽기의 첫 부분에서 오경의 저자는 그의 출생을 설명하기에 앞서 아버지 야곱과 더불어 가족들을 데리고 자신들의 형제인 요셉이 총리로 있던 애굽으로 간 야곱의 아들들의 이름을 언급한다(출 1:2-5). 그때 야곱의 자손들–성서는 그들을 "야곱의 허리에서 나온 사람"으로 묘사함–은 모두 칠십 인이었는데, 시간이 흘러 그들은 모두 죽었고 그 이후 그의 후손들, 곧 이스라엘 자손들이 "생육하고 불어나 번성하고 매우 강하여 온 땅에 가득하게 되었"다(출 1:7).

그러나 역전된 상황

이 모습은 하나님이 아브라함에게 주신 네 가지 약속 중 두 번째 약속인 많은 자손, 곧 큰 민족을 이루는 것이 성취되어 가고 있음을 확실하게 보여준다. 하나님은 아브라함에게 "내가 너로 큰 민족을 이루"(창12:2)게 하시겠다고 분명하게 약속하셨다. 그러한 약속은 하나님이 그에게 다시 나타나셔서 하늘에 떠 있는 셀 수 없이 많은 무수한 별을 가리키시면서 "네 자손이 이와 같으리라"(창 15:5)고 말씀하실 때 재확증된다. 그리고 출애굽기 1장은 그 약속이 그대로 진행되어가고 있음을 나타내준다. 애굽으로 온 칠십 인에서 "온 땅"–애굽 땅–에 가득하게 된 것이다.

그러나 바로 그 다음 장면이 독자들을 무척이나 당혹스럽게 만든다. 오경의 저자는 별다른 설명 없이 이렇게 기술하고 있다.

요셉을 알지 못하는 새 왕이 일어나 애굽을 다스리더니 그가 그 백성에게 이르되 이 백성 이스라엘 자손이 우리보다 많고 강하도다 자, 우리가 그들에게 대하여 지혜롭게 하자 두렵건대 그들이 더 많게 되면 전쟁이 일어날 때에 우리 대적과 합하여 우리와 싸우고 이 땅에서 나갈까 하노라 하고.(출 1:8-10)

그 일은 요셉과 그의 형제들과 그 시대의 사람들이 다 죽은 지 얼마만큼의 시간이 흐른 뒤에 일어난 것일까? 얼마나 오랜 시간이 흘렀기에 애굽 사람들은 자신들에게 큰일을 행하고 큰 유익을 가져다주었던 요셉을 잊게 된 것일까? 왜 애굽 왕조는 자기 나라에서 국무총리가 되어 자기 나라를 위해 중책을 맡았던 훌륭한 정치인 요셉을 잊어버릴 수 있었을까?

출애굽기의 첫 부분을 읽는 독자들에게 이런 물음들은 저절로 제기할 수밖에 없는 당연한 것이다. 왜냐하면 출애굽기의 저자-그래서 오경의 저자-가 "요셉을 알지 못하는 새 왕"이 일어났다고 말하기 때문이다. 이 얼마나 이해하기 어려운 말인가? 애굽 왕조가 요셉을 알지 못하다니, 그들은 자신들의 역사도 모른단 말인가? 아무튼 그 문장은 쉽게 이해하기 어려운 의미를 담고 있다.

그것을 제대로 이해하려면 당시 애굽의 상황에 대한 역사적인 이해가 불가피하다. 요셉이 애굽의 총리로 있을 때, 애굽을 다스리던 왕조는 힉소스 왕조(주전 1648-1540)였는데, 그들은 원래 애굽인들이 아니라 히브리인들처럼 다른 곳에서 이주해온 외인들인 셈족인들이었다. 그들이 애굽 왕조를 무너뜨리고 얼마동안 그 곳을 통치했다. 바로 그 시대에, 곧 요셉 때에 이스라엘은 환대를 받았다. 그러나 애굽인들이 힉소스 왕조를 무너뜨리고 다시금 애굽 왕조―힛타이트 왕조―를 세웠을 때 그들은 이주 민들에 대해 잘 알지 못했을 뿐만 아니라 더욱이 그들을 노예로 삼아 바로를 위해 "국고성 비돔과 라암셋"을 짓게 했다(출 1:1). 그것이 모세가 태어나기 전 이스라엘 민족이 처해 있던 역사적 상황이었다.

이스라엘 자손이 고통스런 삶을 살다

앞서 언급한 것처럼, 하나님이 아브라함에게 주신 네 가지 약속 중에서 두 번째 약속인 큰 민족을 이루게 해주시겠다는 약속은 하나님의 약속대로 이루어지고 있었지만, 애굽 상황에서 그것은 도리어 이스라엘 백성에게 고통을 안겨주는 것이 되었다. 그들은 자손이 많아져 애굽에 위협이 된다는 이유로 애굽의 노예가 되어 고된 종살이를 하게 되었기 때문이다. "이스라엘 자손에게 일을 엄하게 시켜 어려운 노동으로 그들의 생활을 괴롭게 하니 곧 흙 이기기와 벽돌 굽기와 농사의 여러 가지 일이라 그 시키는 일이 모두 엄하였더라"(출 1:13-14).

뿐만 아니라 애굽 왕은 히브리 산파들을 시켜 히브리 여인들에게서 나는 모든 남자 아이를 죽이게 했는데, 산파들은 하나님을 두려워했기 때문에 왕의 명령을 어기고 남자 아이들을 살렸다(출 1:17, 21). 그들 중에 훗날 하나님이 이스라엘의 지도자로 세우신 모세가 있었다.

하나님은 자신을 경외하는 산파들에게 은혜를 베푸셨고 그로 인해 그들의 집안이 흥황하게 되었다. 뿐만 아니라 이스라엘 백성은 더욱 번성하였고 더욱 더 강해졌다(출 1:20-22). 하지만 그럴수록 바로는 더욱 억압했고 이스라엘 백성은 더 심한 노역을 감당해야 했다. 그러한 고역은 모세가 장성하게 되었을 때까지 이어진 것을 보면(출 2:11) 아주 오래 동안 계속되었고 그들이 당하는 고통도 그 만큼 길고도 컸다(출 3:7). 세상적으로 볼 때, 그들의 현실은 노예로 태어나 고된 노역을 하는 노예로 살다가 죽어야 하는 저주 받은 운명이었다.

이런 상황은 하나님이 아브라함을 통해 주신 세 번째 약속인 이스라엘 민족의 복 곧 "보호와 성공"에 대한 약속에 깊은 회의를 품을 수 있는 근거가 되었다. "하나님은 아브라함을 통해 주신 약속을 기억하고 계시는가?" "하나님은 우리가 당하고 있는 고통을 알고 계시는가?" "하나님은 우리의 부르짖음을 듣고 계시는가?" "이것이 하나님이 자기 백성을 보호하고 돌보시는 삶의 모습인가?" "이런 것이 하나님의 약속의 자녀들이 받는 복인가?" "이런 것이 창조와 역사의 주 하나님을 섬기는 자들의 성공인가?" 이런 물음들은 애굽에서 노예생활을 하던 이스라엘 백성의 일원이라면 누구나 한번쯤은 물었을 만한 것들이다.

이런 물음들에 대해 성서는 어떻게 대답하는가? 성서는 이 물음들에 대한 하나님의 대답을 담고 있다. 성서는 각각 이렇게 증언한다.

> 여러 해 후에 애굽 왕은 죽었고 이스라엘 자손은 고된 노동으로 말미암아 탄식하며 부르짖으니 그 고된 노동으로 말미암아 부르짖는 소리가 하나님께 상달된지라 하나님이 그들의 고통 소리를 들으시고 하나님이 아브라함과 이삭과 야곱에게 세운 그의 언약을 기억하사 하나님이 이스라엘 자손을 돌보셨고 하나님이 그들을 기억하셨더라.(출 2:23–25)

내가 애굽에 있는 내 백성의 고통을 분명히 보고 그들이 그들의 감독
자로 말미암아 부르짖음을 듣고 그 근심을 알고(출 3:7)

하나님은 이스라엘 백성의 고난에 찬 삶을 모르지 않으셨다. 하나님
은 그들의 고통을 보고 계셨고 그들의 부르짖음을 듣고 계셨으며 그들
의 근심을 알고 계셨다. 하나님은 자신이 아브라함을 통해 주신 약속을
잊지 않고 기억하고 계셨다. 그리고 그들을 외면하지 않으셨다. 그래서
하나님은 "그들을 애굽인의 손에서 건져내고 그들을 그 땅에서 인도하
여 아름답고 광대한 땅, 젖과 꿀이 흐르는 땅"(출 3:8)으로 데려가시기로
작정하시고 그 일을 수행할 사람을 세우셨다. 바로 모세였다.

모세, 고난 속에 핀 꽃과 같이

하나님이 아브라함에게 주신 약속은 아브라함 한 사람이나 이스라엘
민족만을 위한 것이 아니라 인류 전체를 향한 하나님의 구원계획이었다.
그 계획은 인간이 창조주 하나님 앞에서 타락한 후에 주어진 하나님의
오래된 약속이었다. 그래서 하나님은 결코 그 계획을 잊지 않으시고 언
제나 기억하고 계셨다.

하나님은 이스라엘 백성의 고통에 침묵하지 않으셨다. 하나님의 기억
은 애굽으로부터 이스라엘 백성의 해방을 낳았다. 하나님의 때가 되었
을 때, 곧 우리의 때나 우리가 바라는 때가 아니라 하나님의 시간표 속
에 있는 하나님의 시간이 되었을 때, 하나님은 움직이셨다. 행동하셨다.
인간이 바벨에서 하늘에 닿고자 탑을 쌓고 있을 때 하늘에서 "내려오셔

서" 교만한 인간을 타파하고 흩으신 것처럼, 하나님은 이스라엘 백성을 고통과 부르짖음과 근심에서 해방하시기 위해 하늘에서 땅으로 "내려오셔서" 호렙을 자신의 임재의 자리로 삼으시고는 거기 계셨다. 그리고 거기에서 하나님의 사람 모세를 부르시고 그를 이스라엘 백성을 애굽의 노예생활에서 이끌어 낸 후 하나님 자신이 정하신 약속의 땅 가나안으로 이끌어 갈 지도자로 세우셨다.

이런 점에서, "모세의 출생은 이스라엘 백성들의 신음 소리에 대한 하나님의 응답이다"(아놀드/베이어). 그의 출생은 우연한 것이 아니라 하나님의 섭리와 계획 가운데 있었다고 말할 수 있다. 그럼에도 그의 출생은 순탄한 것이 아니었다. 그의 출생은 고난 가운데서 이루어진 것이었다. 그러나 그가 고난 가운데 태어난 것은 운명적인 것이었고 놀랍게도 그의 출생과 고난은 하나님의 주권과 섭리 가운데 있었다. 그래서 그의 고난 속에서의 출생은 그가 거부하거나 부정할 수 없는 것이었다. 그냥 받아들여야 하는 것이었다. 그래서 운명이었다.

그는 레위지파 가운데서 태어났고 죽을 뻔한 운명에 처해졌지만 어머니의 지혜로 살아남아 애굽의 공주의 아들이 되어 애굽의 궁전에서 자랐다. 그러나 동족을 구하려다 살인자로 몰려 미디안 광야로 도주했고 거기에서 양치기로 살게 되었다. 인생이 완전히 역전된 것이다. 애굽의 왕자에서 광야의 양치기로, 삶의 가장 좋은 환경인 왕궁에서 가장 척박한 곳 광야로 내몰린 것이다.

그리고 어느 날, 전혀 기대하지 않았던 곳에서 인생에서 가장 중요한 만남을 갖게 되었다. 여느 때와 같이 일상적으로 양떼를 치면서 서쪽으로 가다가 하나님의 산 호렙에 이르게 되고 거기에서 운명적으로 그리고 섭리적으로 하나님을 만나게 된 것이다. 거기에서 만난 하나님은 자신을 태어나게 하시고 고난 가운데서 생존하게 하시며 바로의 궁전에서 자라나게 하신 하나님, 그리고 거기서 살다가 광야로 도망하여 살 때 자신의 산으로 이끌어 만나주시고 자신에게 동족을 해방시키는 소명을 주신 조상의 하나님, 곧 "아브라함의 하나님, 이삭의 하나님, 야곱의 하나님"(출 3:6)이셨다. 하나님은 모세의 운명이었고 모세는 하나님의 손 안에 있는 그분의 도구였다.

모세는 이제 자신을 존재하게 하시고 이스라엘의 지도자로 부르시고 세우신 하나님과 함께 새로운 인생길, 힘든 고난의 길을 걸어가게 될 것이다. 더욱이 오경의 이야기, 곧 이스라엘 백성의 해방 이야기는 모세의 출생과 소명에 근거하여 전개될 것이다. 그는 고난 속에 피는 꽃처럼 어려운 상황과 힘든 형편 속에서도 하나님의 아름다운 사역자로서의 사명을 충실히 감당해 갈 것이다. 그로 인해 그는 당대뿐만 아니라 후대에 믿음의 거장으로 기억될 것이다.

히브리서 기자는 이와 관련하여 이렇게 기록하고 있다.

> 믿음으로 모세는 장성하여 바로의 공주의 아들이라 칭함 받기를 거절하고 도리어 하나님의 백성과 함께 고난 받기를 잠시 죄악의 낙을 누리는 것보다 더 좋아하고 그리스도를 위하여 받는 수모를 애굽의 모든 보화보다 더 큰 재물로 여겼으니 이는 상 주심을 바라봄이라.(11:24–26)

모세는 하나님이 아브라함을 통해 주신 이스라엘과 전 인류를 향한 약속 그 한가운데에 서서 하나님이 세우신 지도자로 자신에게 주어진 사명을 충실하게 잘 감당해 갈 것이다. 우리는 앞으로 그의 그런 삶의 모습과 지도자로서의 역할을 좀 더 구체적이고도 상세하게 살펴볼 것이다.

4

하나님이 모세를 부르시다:
모세와 하나님, 그 섭리적 만남

지도자는 태어나지 않고 만들어진다. 지도자는 저절로 생기는 것이 아니라 훈련을 통해 길러진다. 이것은 좋은 지도자 형성의 조건이고 원리이며(이런 점에서, "강한 리더의 성격은 오직 주의 깊고 의도적인 실천을 통해서만 개발될 수 있다"라는 도널드 크라우즈[Donald G. Krause]의 말은 옳다), 이 점은 세속적 지도자이든 영적 지도자이든 동일하게 적용된다. 훈련 없이 좋은 지도자는 결코 있을 수 없다.

더욱이, 우리 그리스도인들은 영적 훈련을 통해 하나님의 은혜를 받는다. 왜냐하면 "하나님은 자신의 은혜를 받는 수단으로 영적 삶의 훈련들을 우리에게 주셨기" 때문이다(Richard J. Foster). 특히, 영적 훈련은 "하나님이 우리 안에서 역사하시고 우리를 변형시키실 수 있는 곳으로 우리를 이끈다"(포스터).

　그래서 훈련은 힘든 과정일 수 있지만 궁극적으로는 우리에게 유익이 된다. 사도 바울은 훈련의 유익과 관련하여 믿음의 아들 디모데에게 이렇게 말한다. "망령되고 허탄한 신화를 버리고 경건에 이르도록 네 자신을 연단하라 육체의 연단(training)은 약간의 유익이 있으나 경건은 범사에 유익하니 금생과 내생에 약속이 있느니라"(딤전 4:7-8).

　이런 점에서, 영적 형성과 영적 훈련은 나뉠 수 없다. 영적 형성은 저절로 이루어지지 않고 영적 훈련을 통해서 이루어진다. 그것이 그리스도인들에게 영적 훈련이 중요한 이유이다. 그리고 그것이 영적 지도자에게 또한 영적 지도자가 되기를 원하는 사람에게 영적 훈련이 반드시 필요한 이유이다(물론, 영적 훈련은 특정인들만을 위한 것이 아니다. 그것은 모든 그리스도인들과 관계가 있다. 그래서 모든 그리스도인들은 영적 형성을 위해 계속적으로 영적 훈련을 필요로 할 뿐만 아니라 그것을 수행할 필요가 있다).

　이것은 하나님의 사람 모세에게도 그대로 적용된다. 모세는 고난 받는 이스라엘 백성을 애굽에서 약속의 땅 가나안으로 인도해 갈 영적 지도자로 세움 받기 전에 그것에 합당한 영적 훈련이 필요했다. 그럴 때에만, 그는 자신의 책임을 온전하게 감당할 수 있었기 때문이다.

　더욱이, 그의 영적 훈련의 장은 깊은 고독이 머무는 광야였는데, 역설적이게도 거기서 그는 장차 자신의 지도력을 발휘하게 된다. 그리고 "모세의 광야 이야기에서, 이스라엘 백성은 우상과 살아 계신 하나님을 분간하는 법을 훈련받았고 하나님을 경배하는 법을 배웠다. 광야 체험은 하나님 앞에서 온전히 사는 법을 준비하는 기간이었다"(유진 피터슨). 모세에게도 그랬고, 이스라엘 백성에게도 그랬다.

모세와 훈련, 그 깊은 고독 속에서

앞서 살펴 본 것처럼, 모세는 삶의 여정이 참으로 독특했다. 그의 삶은 평범한 사람들의 그것과는 달리 한편의 드라마처럼 우여곡절이 많았다. 그는 고난과 죽음의 상황 가운데서 태어났지만 다행히 어머니의 지혜와 애굽 공주로 인해 왕궁에서 왕자로 화려한 삶을 살게 되었다. 그러나 그는 자신의 동족을 도우려다 살인자로 몰려 결국 살아남기 위해 미디안 광야로 도주했다. 그의 삶은 그렇게 다시 나락으로 떨어졌다. 그 후로 사십년간 광야는 그의 삶의 자리였다. 그리고 바로 거기에서 인생 최대의 만남, 곧 하나님과 섭리적 만남으로 그의 인생이 새롭게 시작되었다.

광야는 고독한 곳이다. 일반 세상과 단절된 곳이기 때문이다. 그러나 그곳은 자신을 참되게 볼 수 있는 곳이기도 하다. 아무도 없는 곳에서 혼자 있을 때, 우리는 우리 자신을 느끼고 우리의 참 모습을 보게 된다. "광야에 있을 때, 우리는 흔히 삶이 단순해지고 깊어지는 것을 체험한다"(피터슨). 그래서 광야는 내가 새롭게 형성될 수 있는 곳이다. 이전과 다른 인생이 시작될 수 있는 곳이다. 이런 점에서, 광야는 매우 중요한 형성의 장이다. 궁극적으로 모세에게도 광야는 그런 역할을 했다.

물론, 모세에게 광야는 일차적으로 생존을 위한 도피처였고 피난처였다. 이스라엘을 위한 큰일을 하고자 했지만 오히려 그 일로 죽음의 상황에 처하게 되었을 때 자신을 죽이려는 적의 손길을 피해 생명을 보존할 수 있는 곳이었다. 그런 점에서, 비록 광야는 "아무 것도 예측할 수 없는 위험한 곳"(피터슨)이었지만, 모세에게 광야는 안전한 곳이었다.

그럼에도 다른 사람들과 마찬가지로 모세는 광야에서 고독했다. 모세에게 광야는 모든 관계로부터 단절되어 아무도 없이 그리고 아무 것도 없이 홀로 버텨야 하는 외로운 곳이었다. 모세는 바로의 낯을 피해 그러한 광야에 있었다. 그리고 어느 날 미디안 광야의 우물곁에 앉아 있다가 미디안 제사장 이드로를 만났다. 다행히 이드로의 딸을 아내로 맞이해서 가정을 꾸리고 자녀를 낳음으로써 어느 정도 외로움을 달랠 수 있었다. 하지만 그는 여전히 나그네였고 고독했다. 그래서 그가 아들을 낳았을 때 그의 이름을 "게르솜"이라고 지었는데, 그것은 "내가 타국에서 나그네가 되었음"이라는 의미였다(출 2:22).

모세는 도망자 신세로 타국-엄밀한 의미에서 그에게는 조국이 없었다-에서 나그네가 되어 미디안 광야에서 살아갈 때, 그가 할 수 있는 일이라곤 장인의 양떼를 치는 일뿐이었다. 그 당시 그가 가진 것은 아무 것도 없었다. 처가에 얹혀사는 더부살이 인생이었다.

그러나 그가 미디안 광야에서 나그네가 되어 고독하게 양치기 인생을 살아갈 때 그 시간은 결코 헛된 것이 아니었다. 하나님의 섭리 안에서 그가 새롭게 형성되는 시간이었고 결국에는 하나님께 이르는 과정이 되었다. 그는 자신이 인식하지는 못했지만 광야에서 고독 훈련을 통해 이스라엘의 지도자로 길러지고 있었다.

고독은 여러 가지 유익이 있다. 무엇보다도, "우리가 오직 침묵과 고독 속에서만 체험할 수 있는 것들이" 있는데, 바로 "인간됨의 본질"을 보는 것이다(피터슨). "고독은 내적 성취(inner fulfillment)이다"(Foster). 우리는 고독 속에서, 곧 혼자 있을 때 우리 자신을 본다. 우리 자신을 볼 수 있어야 우리 인생을 뒤돌아볼 수 있고 하나님을 생각할 수 있으며 다른 사람들도 생각할 수 있다. 그런 이유로, 우리가 우리 자신을 보기 원한다면, 그리고 하나님과 다른 사람들을 보기 원한다면, 우리는 의식적으로 홀로 있는 시간을 가질 필요가 있다.

모세는 광야에서 양무리와 함께 고독하게 지냈다. 그 고독 속에서 자신을 깊이 생각했다. 그리고 그때 하나님을 만났다. 더 정확히 말하면, 하나님이 그를 만나주시고 이스라엘 민족의 지도자로 부르셨다. 그래서 그에게 있어서 광야는 새로운 삶의 출발지였다.

고독한 삶 가운데 만난 하나님

유진 피터슨은 엔게디 광야의 다윗에 대해 이야기하면서 이렇게 말한다, "광야에서 우리는 근본적인 것들 그리고 '궁극적 근본' 즉 하나님과 대면한다." 이것은 모세에게도 그대로 적용된다. 모세에게 있어서 광야에서의 고독한 삶의 최고 유익은 하나님과의 만남이다. 모세가 광야에서 보낸 사십년간의 광야생활의 귀결은 하나님께 이르는 것이었다. 그래서 이 기간은 영적 형성의 기간이었다고 말할 수 있다. 그런 이유로, 제임스 윌호이트(James C. Wilhoit)는 모세의 영적 형성과 관련하여 이렇게 말한다. "모세는 이스라엘을 애굽에서 인도해내기 전에 팔십년 동안 형성 과정에 있었다."

사십년이란 시간은 결코 짧은 기간이 아니다. 어떤 인생에게는 일평생의 기간일 만큼 아주 긴 시간이다. 모세가 인식했든 인식하지 못했든,

하나님의 섭리 안에서 그는 그 긴 시간–그리고 출생 후 애굽 왕궁에서의 사십년을 포함하면 팔십년–동안 하나님과의 만남을 위해 준비되고 있었다. 이런 점에서, 사십년간의 고독하고 힘든 광야생활은 결국 하나님과의 만남을 통해 보상을 받고 의미를 부여받게 된다.

출애굽기 3장과 4장은 모세가 하나님을 만나게 되는 것과 하나님으로부터 소명, 즉 이스라엘 백성을 애굽에서 이끌어 내어 하나님이 그들에게 약속하신 젖과 꿀이 흐르는 땅인 가나안으로 이끌어가라는 소명을 받는 장면을 기술한다. 그 두 장은 모세의 삶을 구분 짓는 경계선 역할을 하는데, 모세의 삶은 출애굽기 3장과 4장을 기준으로 그 이전은 자연인으로 그리고 그 이후는 하나님의 사람으로 구분된다.

어느 날, 모세는 장인의 양무리를 치면서 광야 서쪽으로 이동하다가 하나님의 산 호렙에 이른다. 그리고 거기서 하나님과 대면하게 된다. 그 만남은 뜻밖이었고 극적이었다. 하나님이 자신에게 가까이오고 있는 모세를 보시고 떨기나무 가운데서 모세를 부르신 것이다. 모세는 "내가 여기 있나이다"라고 대답한다. 모세는 여기서 하나님의 임재를 경험한다. 하나님은 모세에게 그곳은 거룩한 땅이기 때문에 가까이 오지 말고 신을 벗으라고 말씀하시면서 자신을 모세의 조상의 하나님으로 소개하신다. 그 하나님은 아브라함과 이삭과 야곱의 하나님이셨다.

모세는 하나님의 임재를 경험했을 때 자기 자신을 보게 되었다. 그것도 자신의 참 모습을 보게 되었다. 거룩하신 하나님 앞에서 부정한 자신을 보게 된 것이다. 마찬가지로, 모든 인간은 하나님 앞에 서게 될 때 필연적으로 동일한 경험을 하게 된다. 모든 인간은 모세처럼 죄인이요 부정한 존재이기 때문이다. 이 만남을 통해 모세는 새로운 인생길을 걸어 가게 되었다. 자기 홀로 걸어가는 고독한 인생길에서 자신을 지으시고 구속하신 하나님과 함께 복된 인생길을 걸어가게 된 것이다.

더욱이, 모세는 하나님에 의해 이스라엘의 지도자로 세움을 받는다. 그리고 하나님의 부르심에 따라 사십년 동안 하나님과 함께 이스라엘 민족을 가나안으로 인도해 간다. 이전 팔십년의 형성 기간이 이 사십년 속에 녹아들어 하나님의 탁월한 사람으로 쓰임을 받게 된다. 그리고 결국에는 이런 찬사를 듣게 된다. "그 후에는 이스라엘에 모세와 같은 선지자가 일어나지 못하였나니 모세는 여호와께서 대면하여 아시던 자요 여호와께서 그를 애굽 땅에 보내사 바로와 그의 모든 신하와 그의 온 땅에 모든 이적과 기사와 모든 큰 권능과 위엄을 행하게 하시매 온 이스라엘의 목전에서 그것을 행한 자이더라"(신 34:10-12).

그 탁월한 삶은 하나님의 부르심과 그의 응답에 근거한다. 하나님의 부르심이 인간의 응답과 조우하면 놀라운 일이 생긴다. 세상을 향한 하나님의 계획이 역사 속에 구현된다. 역사는 그것에 대한 증거이다. 인간의 역사는 그러한 일들을 많이 담고 있다. 그것은 하나님의 공책이고 일기장이다.

내가 너를 이스라엘의 지도자로 세우노라

신학자 레이 앤더슨(Ray S. Anderson)은 자신의 저서 『사역의 정신: 하나님의 백성을 위한 리더들을 형성하기』(The Soul of Ministry: Forming Leaders for God's People)에서 사역(ministry)과 관련하여 각각 이렇게 말한다. "모든 사

역은 무엇보다도 하나님의 사역이다. 하나님의 모든 행위는 창조사역조
차도 하나님의 사역이다."

> 모든 사역은 하나님의 사역에 근거하며, 그것은 계시된 진리의
> 출처로서의 하나님의 지속적인 사역에 의존한다…사역은 하나
> 님이 말씀하신 것과 그분이 행하신 것을 통해 하나님은 누구이
> 시고 그분이 계시하기를 바라시는 것의 진리를 재확언하고 상
> 세히 설명하시는 하나님의 방식이다.

앤더슨의 진술은 기독교 사역의 본질과 성격을 정확하게 말해준다.
모든 사역은 하나님께 속한다. 모든 사역-목회자의 사역이든 모든 성
도의 사역이든-은 하나님의 사역을 위해 존재하며 그것을 섬긴다. 그래
서 우리의 사역의 진위는 우리의 사역이 하나님의 나라와 그분의 사역에
이바지하는지를 보면 알 수 있다. 만일 우리의 사역이 하나님의 사역에
반한다면, 우리의 사역은 진정한 의미에서 하나님을 위한 사역이 아니
다. 이런 점에서, 게리 스트라웁(Gary Straub)과 주디 터너(Judy G. Turner)의 진
술은 옳다. "지도력은 어떤 조직 원리들을 바탕으로 추정한 '기능'이 아
니다. 그것은 생활양식이고 하나님 앞에서의 존재방식이며 선택한 삶의
길이다."
하나님은 자신의 사역, 곧 이스라엘의 구원사역-이스라엘의 해방사역
-을 섬기도록 모세를 부르신다. 하나님은 먼저 애굽에서 고통 받는 자
기 백성 이스라엘의 상황을 설명하시고는 그들을 애굽인의 손에서 건져
내어 "아름답고 광대한 땅, 젖과 꿀이 흐르는 땅 곧 가나안"(출 3:8)으로

데려가실 계획을 말씀하신다. 그리고는 모세에게 '그 일을 바로 네가 할 것이다'라고 사명을 주시면서 바로에게 가라고 명하신다. "이제 내가 너를 바로에게 보내어 너에게 내 백성 이스라엘 자손을 애굽에서 인도하여 내게 하리라"(3장 10절).

그것은 한낱 양치기가 할 수 있는 일이 아니다. 죽음이 두려워 도망치는 그런 나약한 인간이 할 수 있는 일이 아니다. 그것은 누구라도 감당하기에 벅찬 일이고 거의 불가능한 일이다. 어떻게 한 개인이 거대 권력을 상대할 수 있을까?

그래서 모세는 당연하게도 이렇게 대답한다. "내가 누구이기에 바로에게 가며 이스라엘 자손을 애굽에서 인도하여 내리이까"(11절). 한 마디로 말하면 이렇다. '자기 인생 하나도 제대로 돌보지 못하는 나 같은 인생이 어떻게 그런 위대한 일을 해낼 수 있겠습니까? 사람 잘못 고르셨습니다. 그러니 다른 사람을 찾아보시죠.' 그것이 출애굽기 4장에서 하나님과 언쟁을 하면서 "오 주여 보낼 만한 자를 보내소서"(13절)라고 말한 이유이다(4장은 그와 같이 모세가 하나님과 언쟁을 벌이다 화를 내며 말씀하시는 하나님 앞에 서 더 이상 반론을 하지 못하고 어쩔 수 없이 수락하는 내용을 담고 있다).

그렇게 말하는 모세에게 하나님은 이렇게 말씀하신다. "내가 반드시 너와 함께 있으리라 네가 그 백성을 애굽에서 인도하여 낸 후에 너희가 이 산에서 하나님을 섬기리니 이것이 내가 너를 보낸 증거니라"(출 3:12). 모세는 여기에서 분명히 하나님의 약속을 받는다. 하나님은 이 세상 누구와도 견줄 수 없는 자신의 전지전능한 능력으로 그대로 이루실 것이다. 모세가 해야 할 일은 하나님의 말씀을 믿고 철저하게 순종하는 것이다. 그것이면 충분했다. 그러면 하나님이 행하시고 이루실 것이다.

오늘날 우리가 살아가는 세상은 하나님을 거부하는 애굽 왕 바로 같고 애굽 같을 때가 많다. 보이지 않는 거대한 힘들—종교, 권력, 경제, 사상, 이념 등—이 우리를 공격하고 억압하고 짓누른다. 그래서 하나님 앞에서 충실하고 하나님의 말씀대로 살아가기가 참으로 힘이 든다. 그러면 이런 세상에서 어떻게 해야 하는가? 무엇보다도 "내가 반드시 너와 함께 있으리라"는 말씀을 신뢰하고 하나님의 말씀에 순종하는 것이다. 그러면 하나님이 우리와 함께 하시면서 우리를 돌보시고 우리를 통해 자신의 뜻을 이루어 가실 것이다.

물론, 애굽 같은 상황에서 하나님의 뜻을 따르는 것은 쉽지 않다. 분명, 바로 같은 걸림돌이 우리를 막고 괴롭게 할 것이다. 역사 속에서 보듯이, 많은 억압과 거부와 어려움이 따를 수도 있다. 그런 상황에서 우리는 어떻게 해야 하는가? 끝까지 하나님을 신뢰하면서 애굽 같은 상황에 대해 믿음으로 부딪혀 나가는 것이다.

모세는 그렇게 했다. 하나님의 말씀에 여러 번 이의를 제기했지만 결국에는 하나님의 말씀에 순종하여 바로를 만나러 애굽으로 갔다. 그는 애굽으로 갈 때 하나님이 자신에게 주신 징표인 지팡이를 들고 갔다(출 4:20). 그것을 굳게 붙잡고 갔다. 그 지팡이는 하나님의 능력이 나타나는 지팡이였다.

오늘날 우리에게 더욱 필요한 것은 믿음이다. 어떤 상황에서도 하나님이 함께 하신다는 것을 믿는 강하고 담대한 믿음이다. 그 믿음이 있으면 우리도 모세처럼 장애물이 앞에 놓여 있어도 하나님과 함께 앞으로 나아갈 수 있다. 외적 환경으로 인해 우리 속에 주저함이 있을지라도 악하고 죄 많은 세상에서 하나님의 말씀과 약속을 의지하면서 그렇게 할 수 있다. 하나님의 성령이 우리를 이끄시고 능력을 주실 것이기 때문이다.

5

모세, 하나님을 대신하여
애굽 왕 바로 앞에 서다

영적 지도력의 핵심은 하나님과의 관계다. 곧 믿음이다. 믿음이 없다면 어떤 지도력도 결코 영적일 수 없다. 비록 그것이 영향력이 있고 또 그 기술이 뛰어나다할지라도, 그것은 분명 위장된 처세술에 불과하다. 하나님과의 관계가 없는 것은 무엇이든 영적 지도력이 아니며 믿음도 아니다. 오스왈드 샌더스(J. Oswald Sanders)는 이렇게 말한다. "기독교적 삶과 섬김에서 모든 것은 하나님과의 관계에서 나온다. 만일 우리가 그분과의 생명력 있는 관계 안에 있지 않다면, 그 밖의 모든 것은 중심에서 벗어날 것이다. 그러나 그분과의 우리의 교제가 가깝고 실제적이라면, 커지는 친밀감을 경험하는 것이 영광스럽게도 가능하다."

모세는 하나님을 만나면서 새로운 인생길을 걸어가게 되었다. 그는 하나님과의 만남을 통해 하나님과 믿음 관계를 형성하게 되고 더욱이 하나님으로부터 소명을 받아 이스라엘 백성을 위한 지도자의 길을 걷게 되었다.

모세는 하나님에 의해 애굽 왕 바로에게로 파송을 받는다. 그리고 자의적이지 않고 타의적이었지만 결국 그는 자기 발걸음으로 바로에게 간다. 거대한 세상 권력의 중심과 상징에게로 간다. 그는 이미 그것을 몸소 경험했기 때문에 그것이 지닌 막강한 힘과 위엄을 잘 알고 있었다. 뿐만 아니라 그를 대적하러 가는 것이 무엇을 의미하는지도 잘 알고 있었다. 죽음을 각오해야 함을 너무나도 잘 알고 있었다. 그래서 아주 무거운 마음으로 세상 권력을 상징하는 것으로 볼 수 있는 애굽 권력의 심장부를 향해 발걸음을 옮겼다. 그 마음을 충분히 이해할 만하다. 계란으로 바위를 부수려고 하는 것과 같은, 아니, 계란으로 철판을 뚫으려고 하는 것과 같이 아주 무모하게 보이는 상황. 제 정신을 가진 사람이라면 누가 쉽게 그렇게 할 수 있을까?

그럼에도 모세는 하나님의 말씀에 순종하여 바로에게 간다. 하나님의 말씀을 전하기 위해 목숨을 걸고 간다. 그러나 그는 그냥 가는 것이 아니었다. 그가 가면서 한 가지 명심해야 할 것은 하나님이 그와 함께 하실 것이라는 그분의 약속의 말씀이었다. 그 징표도 손에 들려 있었다. 그 약속은 분명 지켜질 것이며, 그런 이유로 모세에게 필요한 것은 그 약속을 붙잡고 담대하게 바로에게 나아가는 믿음이었다.

세상 권력자와 하나님

요한복음 19장에는 이스라엘 백성에 의해 죄인으로 기소된 예수님과 심판자 빌라도가 대면하는 장면이 나온다. 이스라엘 백성들은 예수님이 자신을 가리켜 하나님의 아들이라고 하기 때문에 자기들의 법에 따라 당연히 죽어야 한다고 주장한다. 그 말을 들은 빌라도는 두려워하는 마음을 가지고서 예수님께 "너는 어디로부터냐"(9절)고 물었고, 예수님은 그 물음에 대해 아무런 대답도 하지 않으셨다. 그러자 빌라도가 다시 이렇게 말했다. "내가 너를 놓을 권한도 있고 십자가에 못 박을 권한도 있는 줄 알지 못하느냐"(10절). 그 말을 들은 후 예수님은 이렇게 대꾸하셨다. "위에서 주지 아니하셨더라면 나를 해할 권한이 없었으리니"(11절).

빌라도의 말은 세상 권력자들이 흔히 하는 말이다. 그 말은 권력이면 이 세상에서 불가능한 것이 없다는 착각에서 비롯된 것이다. 예수님은 그런 착각에 제동을 거셨다. 모든 권력/권세는 하늘로부터 주어진다는 것이다. 곧 모든 권력은 바르고 참된 통치자요 권력자이신 하나님으로부터 나온다는 것이다. 그것이 하나님의 정치학(the politics of God), 곧 하나님 나라 정치학(kingdom politics)의 핵심이다. 그래서 예수님은 제자들에게 이렇게 가르치셨다. "몸은 죽여도 영혼은 능히 죽이지 못하는 자들을 두려워하지 말고 오직 몸과 영혼을 능히 지옥에 멸하실 수 있는 이를 두려워하라"(마 10:28). 이 우주 가운데 그렇게 하실 수 있는 분은 오직 창조주 하나님 한 분 밖에 없다.

시간이 조금 흘러서 자기에게 권세가 있다고 말한 빌라도는 죽었다. 그리고 하늘 아버지께 권세가 있다고 말씀하신 예수님도 죽으셨다. 그러나 예수님은 빌라도와는 달리 부활하셔서 하나님 우편에 앉아계신다. 그래서 이제는 입장이 바뀌었다. 자기에게 예수님을 놓아줄 권세도 있고 십자가에 못 박을 권세도 있다고 말하던 빌라도는 심판을 받을 죄인의 자리, 곧 본래 인간의 자리에 서게 되었다. 왜냐하면 성서는 분명하게 "한 번 죽는 것은 사람에게 정해진 것이요 그 후에는 심판이 있으리니"(히 9:27)라고 진술하고 있기 때문이다.

더욱이 예수님은 아버지 하나님이 주신 "심판하는 권한"(요 5:27)으로 그를 심판하실 것이다(사실, 그는 이미 심판을 받았다. 왜냐하면 성서는 이렇게 말씀하고 있기 때문이다. "그[하나님의 아들 예수 그리스도]를 믿는 자는 심판을 받지 아니하는 것이요 믿지 아니하는 자는 하나님의 독생자의 이름을 믿지 아니하므로 벌써 심판을 받은 것이니라"[요 3:18]). 그리고 "몸과 영혼을 능히 지옥에 멸하실 수 있는" 아버지 하나님이 주신 권한으로 그의 몸과 영혼을 지옥에 멸하실 것이다. 그리고 하나님을 믿지 않고 적대시하는 모든 이들에 대해서도 그렇게 하실 것이다.

애굽 왕 바로의 저항

모세는 자신의 형 아론과 함께 빌라도처럼 내가 너를 죽일 권세도 있고 살릴 권세도 있다는 생각을 가진 무시무시한 권력자 애굽 왕 바로에게 가서 그 앞에 섰다. 그리고는 자신들이 온 목적을 바로에게 알린다. "이스라엘의 하나님 여호와께서 이렇게 말씀하시기를 내 백성을 보내라 그러면 그들이 광야에서 내 앞에 절기를 지킬 것이니라 하셨나이다"(출 5:1). 그런 다음, 모세와 아론은 "광야로 사흘길쯤 가서" 자기들의 하나님께 제사를 드리게 해달라고 요청했다(3절).

이것은 분명 자신들이 바라는 것에 훨씬 못 미치는 요구였다. 그럼에도 우리가 추측할 수 있는 것처럼, 바로는 곧바로 일언지하에 거절한다.

"모세와 아론아 너희가 어찌하여 백성의 노역을 쉬게 하려느냐 가서 너희의 노역이나 하라"(4절). 바로는 그렇게 요구하는 그들이 가소롭다는 듯이 그들의 말을 무시한다. 허튼소리 하지 말고 가서 일이나 열심히 하라는 것이다. 당연한 반응이다. 애굽 왕 바로의 눈으로 볼 때 일개 잡것들(?)이 왕궁에 와서 감히 당대 최고의 권력자에게 부당하게 여겨지는 요구를 하고 있었으니 말이다.

게다가, 어느 권력자가 자기 권력이 침해당하는 것을 수수방관하고 있겠는가? 자기 권력이 도전을 받는 상황에서 바로의 반응은 지극히 자연스럽고 당연한 것이었다. 바로는 세상 모든 권력자가 하는 그대로 했다. 게다가, 자신이 세상 권력의 중심이라고 생각했기 때문에 그에게는 하나님이 안중에도 없었다. 그래서 바로는 모세에게 이렇게 말했다. "여호와가 누구이기에 내가 그의 목소리를 듣고 이스라엘을 보내겠느냐 나는 여호와를 알지 못하니 이스라엘을 보내지 아니하리라"(2절).

바로는 하나님의 요구에도 불구하고 이스라엘을 보내지 않고 대신에 마음이 더 완악해져 그들에게 더 힘든 고역-짚을 찾아서 벽돌을 만들라는 명령-을 시킨다(6-9절). 히브리인들은 자기들을 고통스럽게 만들고 자기들의 상황을 더 나쁘게 만들었다고 불평하면서 모세와 아론을 원망한다. 모세는 곧바로 하나님께 나아가 자신의 심정을 토로한다. 그는 동족이 더욱 심하게 당하는 고통과 자신의 무능함을 보면서 절망과 무기력을 느꼈다. 아마도 누구라도 그런 상황에 처하면 그와 같이 되었을 것이다.

하지만 하나님은 달랐다. 그분은 이 세상을 지으시고 고통가운데 있는 이스라엘 백성을 구속하실 수 있는 전능하신 하나님이 아니던가! 모세는 바로 그 하나님으로부터 소명을 받고 애굽 왕 바로에게 간 것이 아니던가! 그래서 이스라엘 민족의 지도자로서 모세는 자신의 능력을 의지하거나 자신의 상황을 보는 것이 아니라 자신을 부르신 하나님의 능력을 의지하고 그분이 장차 하실 일을 바라보아야 했다.

출애굽기 6장은 바로 그 점을 제시한다. 하나님은 낙담하고 실망한 모세에게 다시금 아주 분명하게 해방과 구원의 약속을 확언해 주신다. "내가 바로에게 하는 일을 네가 보리라 강한 손으로 말미암아 바로가 그들을 보내리라 강한 손으로 말미암아 바로가 그들을 그의 땅에서 쫓아내리라"(1절). 하나님은 모세에게 자신을 "여호와(야웨)"로 소개하시는데, 그 이름은 아브라함과 이삭과 야곱에게 나타내지 않은 이름이었다(하나님은 그들에게 "전능의 하나님"으로만 나타나셨다[출 6:3]).

하나님은 아브라함과 이삭과 야곱에게 하신 언약, 곧 당시 그들이 거하던 가나안 땅을 주시겠다고 하신 약속을 언급하시며 그것을 잊지 않고 기억하신다고 말씀하신 다음, 모세를 통해 이스라엘 백성에게 이렇게 말씀하신다.

> 나는 여호와라 내가 애굽 사람의 무거운 짐 밑에서 너희를 빼내며 그들의 노역에서 너희를 건지며 편 팔과 여러 큰 심판들로써 너희를 속량하여 너희를 내 백성으로 삼고 나는 너희의 하나님이 되리니 나는 애굽 사람의 무거운 짐 밑에서 너희를 빼낸 너희의 하나님 여호와인 줄 너희가 알지라 내가 아브라함과 이삭과 야곱에게 주기로 맹세한 땅으로 너희를 인도하고 그 땅을 너희에게 주어 기업을 삼게 하리라

나는 여호와라 하셨다 하라.(출 6:5~8)

그러나 이스라엘 백성은 자기들의 "마음의 상함과 가혹한 노역으로 말미암아 모세의 말을 듣지" 않았고(9절), 하나님은 모세에게 자신의 말씀을 가지고 바로에게 가라고 말씀하신다. 하지만 모세는 이스라엘 백성들도 자기 말을 듣지 않았는데 하물며 어떻게 바로가 자신의 말을 듣겠느냐고 반문한다. 자신은 입술이 둔하기 때문에 그를 설득할 만한 능력이 없다는 것이다. 그 상황에서 하나님은 모세를 "바로에게 신 같이 되게" 하셨다고 말씀하심으로써 그에게 확신을 주신다.

모세는 아론과 함께 하나님이 명하신대로 행한다. 이제 하나님이 자기 능력 가운데 자신이 원하시는 것을 행하실 것이다. 자기 백성 이스라엘을 애굽의 종살이에서 해방하여 약속의 땅 가나안으로 인도해 가실 것이다.

하나님의 심판 그리고 바로의 굴복

하나님의 말씀에 따라 아론과 함께 바로 앞에 다시 선 모세는 지팡이가 뱀이 되는 이적을 행함으로써 하나님이 자신들과 함께 하심을 증명해 보인다. 그러나 바로의 술객들도 똑같은 기적을 행한다. 그리고 비록 아론의 뱀이 다른 뱀들을 집어삼키기도 했지만, 바로는 여전히 이스라엘 백성을 보내기를 거부했다. 바로의 거부와 저항으로 인해 출애굽 사건은 일어나지 않았고 하나님의 구원계획도 이루어질 수 없었다.

그래서 하나님은 최후의 방법을 행하기로 하셨다. 애굽에 재앙을 내려

바로를 심판하시는 것이었다. 이 단계의 상황은 단순히 양국 간의 다툼, 곧 모세와 바로의 대전이 아니다. 그것을 넘어서 창조주요 이스라엘의 야웨 하나님과 애굽의 신적 존재인 바로-그럼에도 그는 때가 되면 모든 사람이 가는 길로 가야할 하나의 인간에 불과한 존재-간의 싸움이 되었다. 당시 바로는 자칭 신이었고 또한 애굽인들로부터 애굽의 안전과 안녕을 수호하는 자로 여김을 받고 있었다. 이런 점에서, 이 싸움은 신들-참 신과 거짓 신-의 싸움이었다고 말할 수 있다.

하나님이 애굽에 내린 10가지의 재앙(출7:14-12:32)-피, 개구리, 이, 파리, 가축 전염병, 독종, 우박, 메뚜기, 흑암, 장자의 죽음-은 바로를 낙담시켰고 그가 애굽을 지키는 신적 존재가 아님을 증명해 주었다. 하나님은 애굽에 재앙을 내리심으로써 자신의 전능과 자칭 신인 애굽의 왕의 무능력을 입증하셨다. 아놀드와 베이어는 이렇게 말한다.

> 하나님께서 열 가지 재앙을 내리신 이유는…애굽인들과 이스라엘 백성들에게 이스라엘의 하나님의 주권적인 성품을 나타내기 위해서였다. 애굽인들은 그들의 신격화된 군주 바로가 생명을 주는 나일 강을 관리하고 매일 태양을 뜨게 한다고 믿었다. 그러나 열 가지 재앙이 이스라엘의 하나님 여호와께서 우주의 질서를 통제하고 계심을 증명했다.

비록 그가 처음에는 재앙이 일어도 이스라엘 백성으로 하여금 애굽에서 나가도록 허락하지 않다가 일곱 번째 재앙과 여덟 번째 재앙이 있은 후 그들을 내보겠다고 생각하기도 했다. 하지만 곧바로 마음을 바꿔 허락하지 않았다. 그러다가 마지막 재앙인 애굽에서 처음 난 모든 것, 곧 장자의 죽음의 재앙이 있은 후에야 바로는 이스라엘 백성을 나가게 했다(출 12:31-32).

이스라엘이 애굽에서 탈출한 저녁에 하나님은 유월절을 제정하셨다. "너희는 이 날을 기념하여 여호와의 절기를 삼아 영원한 규례로 대대로 지킬지니라"(출 12:14). 하나님은 마지막 재앙을 내리시기 전에 모세와 아론을 불러 유월절을 준비하게 하셨다. 모세는 이스라엘 모든 장로들을 불러서 그들에게 유월절을 준비하도록 지시했고, 이스라엘 백성은 하나님이 모세와 아론에게 명하신대로 모두 행했다(12:28). 그날 밤 하나님은 애굽 땅에서 처음 난 것은 모두—바로의 장자로부터 가축의 처음 난 것까지 모두—치셨고 이스라엘은 무사했다. 그리고 바로 그 날 하나님은 이스라엘 자손을 애굽 땅에서 인도하여 내셨다. 이스라엘 백성은 자자손손 유월절을 지켜야 했다. 왜냐하면 이스라엘은 하나님이 자기들에게 행하신 위대한 구원의 역사를 결코 잊어서는 안 되었기 때문이다(12:24-25).

출애굽 사건은 이스라엘 민족 형성과 그들의 정체성 형성에 결정적인 계기가 된 사건이다. 그래서 시내산 언약과 더불어 출애굽 사건은 이스라엘 민족 형성과 존재의 두 가지 축이라고 말할 수 있다. 이와 관련하여 메릴은 이렇게 말한다.

출애굽 사건이 있기 전까지는 이들이 실체로 드러나지 않았다. 따라서 출애굽은 하나님께서 이스라엘 역사의 결정적인 계기를 드러내신 중요한 신학적 함축이 담긴 사건이며, 이 사건을 통해 이스라엘은 비로소 국가의 체제를 갖추게 된다. 그러나 이 사건은 그 이상의 의미를 지닌다. 자세히 살펴보면 출애굽 사건 역시 이스라엘에 대한 하나님의 선택과 관련된 역사적 표현과 정확히 일치하는 사건이며 계기이기 때문이다. 이스라엘을 특별한 백성으로 선택하신 것은 시내산에서가 아니라 고센 땅에서였다. 출애굽은 이러한 선택과 관련된 사건이었으며, 시내산은 언약을 공식화한 것이다.

마침내 이스라엘 백성은 조상 때부터 사백삼십 년 동안 노예생활을 하던 애굽을 떠나게 되었다. 그것은 처음부터 끝까지 역사의 주 여호와 하나님이 행하신 것이다. 모세와 아론은 그 일을 위해 쓰임을 받은 것뿐이었다.

이제 모세는 하나님이 세우신 이스라엘 민족의 지도자로 하나님의 인도를 받으면서 광야를 통해 이스라엘 백성을 약속의 땅 가나안으로 인도해 갈 것이다. 물론, 하나님이 그들보다 앞서가시면서 최고 지도자로서 말씀과 여러 표징으로 그들을 인도하실 것이다.

그럼에도 모세의 지도력은 그 여정을 위해 절대적으로 중요했다. 물론, 모세의 지도력의 성공 여부는 하나님의 지도력에 대한 그의 충실한 따름에 달려 있었다. 그는 이스라엘의 인도자이기 이전에 하나님을 따르는 자였기 때문이다. 그리고 이스라엘 백성이 약속의 땅 가나안에 안전히 들어가 거하게 되는 것의 여부는 그들이 하나님의 말씀에 철저히 순종하고 모세의 지도력을 존중하면서 그의 인도를 올바로 따르는가에 달려 있었다.

어쨌든, 드디어 이스라엘 백성은 출애굽을 했다. 고통과 억압의 땅을 벗어났다. 이제 이스라엘 민족은 약속의 땅 가나안을 향해 하나님과 함께 그리고 모세와 함께 희망찬 발걸음을 내디뎠다. 미래가 무척 밝아 보였다.

6

하나님의 구원과 모세의 노래

모세와 이스라엘 백성은 하나님의 능력과 인도하심에 따라 애굽 왕 바로로부터 자유롭게 되어 애굽을 떠날 수 있게 되었다. 바로는 이스라엘 백성을 보내기를 원하지 않았지만 하나님이 애굽에 내린 열 가지의 재앙, 그 중에서도 열 번째 재앙인 처음 난 모든 것이 죽게 되는 재앙을 받은 후에 어쩔 수 없이 내보내게 되었다.

이스라엘 백성이 애굽을 떠나게 되었을 때, 모세는 애굽 왕 바로에게 자신들의 모든 소유를 가지고 나가게 해달라고 요구했고(출 10:25-26), 바로는 그렇게 하는 것이 못 마땅했지만 그렇게 하라고 했다(12:32).

드디어 이스라엘 백성은 자신들이 거했던 숙곳을 떠나 창조와 구원/해방의 주 하나님의 인도하심을 따라 자기들의 지도자, 곧 하나님이 자기들을 위해 세우신 모세와 함께 기나긴 여정을 시작하게 되었다. 그들이 가는 길은 당연히 하나님이 앞서 가시면서 낮에는 구름기둥으로, 밤에는 불기둥으로 비추며 인도하셨다. 그래서 밤낮 하나님의 인도하심을 따라 안전하게 길을 걸어갈 수 있었다.

하나님의 지도력

모세가 애굽 왕 바로와의 싸움에서 이긴 것은 근본적으로 그가 하나님의 능력을 힘입었을 뿐만 아니라 하나님의 말씀을 바르게 따랐기 때문이다. 실제로, 바로와 싸운 것은 모세가 아니라 하나님 자신이었다. 그 싸움은 하나님과 바로와의 싸움이었다. 그리고 하나님이 승리하신 것이다. 그런 이유로, 모세의 지도력의 성공여부는 전적으로 하나님께 대한 그의 바른 응답과 철저한 순종에 달려 있었다.

하나님은 모세를 지도자로 부르시기 전에 이미 손수 자신이 인도자로 이스라엘 백성을 이끌어오셨다. 아브라함을 부르시고 그에게 약속을 주시고 그와 언약을 맺으신 후에 족장들과 함께 하시면서 이스라엘 백성을 형성하시고 그들의 인도자가 되신 것이다.

지도력의 관점에서 볼 때, 지도력의 기원은 하나님께 있다. 모든 지도력은 하나님으로부터 오며 하나님의 지도력에 속한다. 실제로, 성서에서 하나님은 지도자이다. 지도자이되 최고의 지도자이고 궁극적인 지도자이시다. 그래서 하나님의 지도력은 모든 지도력의 토대이고 출발점이며 귀결점이다.

창세기 2장에는 하나님이 지도자/인도자로 묘사된다. 하나님은 최초의 인간 아담을 지으신 후에 그를 에덴동산으로 이끄셨다. "여호와 하나님이 그 사람을 이끌어 에덴동산에 두어 그것을 경작하며 지키게 하시고"(15절). 그리고 지도자/인도자로서 하나님은 따르는 자인 아담에게 이렇게 가르치신다. "동산 각종 나무의 열매는 네가 임의로 먹되 선악을 알게 하는 나무의 열매는 먹지 말라 네가 먹는 날에는 반드시 죽으리라"(16-17절).

지도력의 관점에서 볼 때, 이 말씀은 지도력의 중요한 역할 두 가지를 내포하는데, 하나는 인도하는 것/이끄는 것이고 다른 하나는 가르치는 것이다. 그래서 따르는 자의 임무도 두 가지가 있는데, 하나는 인도하는 대로 따르는 것이고 다른 하나는 가르치는 대로 배우고 그대로 행하는 것이다. 지도자는 인도하면서 가르쳐야 하고, 따르는 자는 인도하는 대로 따르면서 가르치는 것을 제대로 배우고 그대로 행하는 것이다. 그래야 지도하는 자/인도하는 자와 따르는 자 사이에 형성되는 상호작용이 있게 된다.

하나님의 지도자 되심을 바르게 인식한 사람 중 하나는 바로 다윗이다. 그는 시편 23편에서 하나님을 목자에 비유하면서 이렇게 노래했다. "여호와는 나의 목자시니 내게 부족함이 없으리로다 그가 나를 푸른 풀밭에 누이시며 쉴 만한 물가로 인도하시는도다 내 영혼을 소생시키고 자기 이름을 위하여 의의 길로 인도하시는도다"(1-3절). 하나님의 인도는 우리의 평안과 의로움과 관련되어 있다. 우리가 하나님의 인도를 따라 바른 걸음으로 걸어가면 우리 앞길은 평안하고 의로울 것이다.

하나님의 지도자 되심은 그분의 아들 예수 그리스도의 삶을 통해서 더욱 분명하게 드러난다. 인류를 구원하고 세상을 구속하시기 위해 이 세상에 오신 하나님의 아들 예수 그리스도는 사람들을 불러 자신을 따르게 하셨고 그들을 하나님의 나라로 인도하셨다. 예수님의 제자들, 곧 예수님을 따르는 사람들에게 있어서 가장 중요한 것은 예수님과 함께 하는 것이었고 예수님께 붙어 있는 것이었다. 그것은 그들이 열매 맺는 절대 조건이었다(눅 15:5).

이와 관련하여, 디오게네스 알렌(Diogenes Allen)은 이렇게 말한다.

> 어쨌든, 그리스도를 따르는데 있어서 진보를 이룬 사람들은, 자신들은 가지이며 그리스도가 참 포도나무이시라는 것을 기억하는 것이 중요하다. 그들이 맺는 좋은 열매는 그들 안에서 역사하시는 그리스도의 생명 때문이며, 그리스도가 없다면 그들은 자신들이 생각하기에 오래 전에 면역되었다고 생각하는 바로 그 유혹에 취약해진다.

하나님과 예수 그리스도는 자신들의 계획을 이루시기 위해서 사람들을 불러 공동체를 형성하고 그들 중 특정한 사람들을 공동체의 지도자들로 세우신다. 그들의 지도력은 언제나 파생적 지도력이요 위탁된 지도력이다. 그런 이유로, 영적 지도자의 과제는 자신의 목적과 목표를 이루는 것이 아니라 하나님의 목적과 목표를 이루는 것이다. 영적 지도자가 자신의 본분에 충실하고 타락하지 않으려면 자신의 지도력이 하나님으로부터 왔고 또 그분을 섬기는 것임을 늘 명심해야 한다. 그리고 자신의 임무와 역할을 잊지 않아야 한다. 영적 지도자가 자신의 본분에 충실할 때, 하나님의 지도력이 제대로 발휘되고 적용된다. 하나님의 백성 공동체가 세워진다. 오늘날 더욱 이 점이 중요시된다. 지도자들이 이 점을 망각하여 타락하면 교회가 어려움을 겪게 되고 분열되고 와해될 수 있다.

모세는 이것에 대한 분명한 예다. 그는 하나님의 말씀에 근거하여 자신의 지도력을 발휘했다. 하나님께 대한 순종하는 믿음이 있었기 때문이다. 그로 인해 하나님의 계획과 뜻이 실현되었다. 그는 결코 곁길로 가지 않았다. 자신의 지도력을 남용하여 따르는 자들을 자신의 꿈과 목적을 이루는 수단으로 삼지 않았다. 그는 언제나 자신이 부름 받은 목적을 가슴에 품고 자신의 사명을 감당해 갔다.

홍해의 하나님, 이스라엘의 구원자

유한한 인간의 가장 큰 죄/잘못은 자신의 인간됨을 망각하고 자신의 한계를 바르게 인식하지 못하는 것이다. 그는 아담과 하와처럼 "하나님과 같이 되"(창 35)기를 원하며 자신이 모든 것을 할 수 있다고 착각한다. 오늘날과 같이 과학기술이 고도로 발달한 시대에 살아가는 사람들, 물질만능시대에 살아가는 사람들은 그런 경향이 더욱 강하다. 과학기술만 있으면 모든 문제를 해결할 수 있고, 돈만 있으면 불가능한 것이 없다는 착각을 한다. 이런 점에서 볼 때, 과학주의(scientism), 기술주의(technism) 그리고 경제주의(economism)는 오늘날 분명히 우상이다(미들턴/왈쉬). 오늘날 사람들에게 그것들은 과학교, 기술교 그리고 경제교 역할을 한다. 그래서 우리가 그것을 인정하든 인정하지 않든, 많은 사람들은 과학교 교인, 기술교 교인 그리고 경제교 교인으로 살아간다. 이것은 지나친 비약처럼 들릴지 모르지만 사실이다. 오늘날 많은 사람들에게 과학과 기술과 경제는 분명히 하나의 신이다. 우리 시대의 우상이다.

마가복음 4장에는 예수님이 갈릴리 바다를 가로질러 가시다가 불어오는 바람을 꾸짖어 멈추게 하심으로써 바다를 고요하고 잔잔하게 하신 이야기가 나온다. 그것은 예수님이 하나님의 아들이심과 하나님-하나님의 한 위로서의 예수 그리스도-은 자신이 만드신 것을 통제하실 수 있음을 보여준다. 예수님이 이 표적을 행하시기 오래 전에 그와 같은 사실을 입증해준 사건 중의 중요한 사건이 바로 홍해사건이다. 홍해사건은 야웨 하나님이 홀로 참 하나님이심을 보여주신 사건이다.

하나님이 내리신 재앙으로 인해 이스라엘 백성을 애굽에서 떠나도록 했던 바로는 이내 마음이 바뀌었다. 그는 자신의 결정을 후회하고 분노하면서 병거를 갖추고 자기 군사들을 데리고 이스라엘을 추격하기 시작했다. 그리고 이스라엘 백성이 진을 치고 있는 비하히롯 해변, 그들이 장막 친 곳에 이르게 되었다. 그로 인해 이스라엘 백성은 두려워하면서 하나님께 부르짖고 모세에게 불평했다.

하나님은 모세에게 명하여 이스라엘 백성으로 하여금 앞으로 나아가게 하고 모세로 하여금 지팡이를 들고 홍해바다를 향해 손을 내밀게 하셨다. 그러자 바다 한 가운데 동풍이 불어 마른 땅이 되었고 물은 좌우로 벽이 되었다. 이스라엘 백성은 마른 땅으로 걸어서 건너가게 되었다. 그러나 애굽의 군대는 그들을 추적하려고 바다 가운데로 들어갔다가 모세를 통한 하나님의 능력으로 인해 다시 흐르게 된 물에 모두 수장되고 말았다.

하나님은 그와 같이 이스라엘 백성을 애굽의 손에서 구원하셨고 이스라엘 백성은 하나님이 그들 가운데 행하신 큰 능력, 곧 애굽 사람들을 수장시키시는 것을 눈으로 직접 보게 되었다. 그로 인해 이스라엘 백성은 하나님을 경외하게 되었고 모세를 믿게 되었다.

홍해 사건의 발단은 애굽 왕 바로의 "권력에의 의지"이다. 그는 자신의 권력의 유지와 강화를 위해 하나님의 뜻에 불순종하고 저항했다. 그래서 홍해 사건은 자칭 애굽의 신 바로가 참되고 유일하신 신 하나님과 겨루어 완전히 패배한 사건이다. 하나님께 대항하는 자는 누구나 결국 동일한 운명을 맞이하게 될 것이다. 유한한 권력자 바로는 권력의 근원자이신 무한한 권력자 하나님께 저항했다. 하나님은 그를 심판하셨다.

모든 권력은 하나님께 속하며 하나님으로부터 나온다. 예수님은 빌라도를 향해서 "내 나라는 이 세상에 속한 것이 아니니라"(요 18:36)고 말씀하셨다. 하나님 나라가 이 세상에 속한 것이 아니라 이 세상과 이 세상 나라가 하나님 나라에 속한다. 하나님의 권위와 심판 아래 놓인다. 그래서 결국에는 "세상 나라가 우리 주와 그의 그리스도의 나라가 되어 그가 세세토록 왕 노릇 하"실 것이다(계 11:15).

권력이 하나님으로부터 나온다는 최초의 구체적인 예는 바로 최초의 인간 아담에게서 볼 수 있다. 하나님은 들짐승과 각종 새를 지으신 다음에 그것들을 아담에게로 이끌어 가셨다. 그러자 아담은 그것들을 본 다음에 "모든 가축과 공중의 새와 들의 모든 짐승에게 이름을 주"었고(창 2:20), "아담이 각 생물을 부르는 것이 곧 그 이름이 되었"다(창 2:19). 어떤 것의 이름을 짓는 것은, 곧 어떤 것에 이름을 부여하는 것은 그것을 규정하는 것이다. 그것을 다스리는 것이다. 그래서 이름을 짓는 것은 자신에게 부여된 힘/권력을 사용하는 것이다. 일종의 정치행위이다. 하나님은 인간에게 이름을 짓는 권한을 주셨다. 인간은 하나님으로부터 힘/권력을 부여받았다. 그 권력은 청지기적 권력이다. 그래서 자기 마음대로 힘을 사용하는 것이 아니라 그것을 부여해주신 하나님의 뜻대로 사용해야 하는 것이다. 이것이 하나님 나라 정치학(kingdom politics)의 원리이다.

그래서 인간의 바른 권력은 언제나 자신의 권력보다 더 큰 권력을 반영해야 하고 그것을 섬겨야 하며 그 본질에 있어서 그것과 같아야 한다. 뜻이 하늘에서 이루어진 것 같이 땅에서도 이루어져야 하듯이, 권력이 하늘에서 행사된 것 같이 땅에서도 행사되어야 한다. 그것이 참된 권력과 그것의 사용이다. 이런 점에서, 바로의 권력은 남용된 권력이고 한계를 잃은 권력이다. 타락한 권력이다. 그런 권력은 하나님의 심판을 받는다. 바로가 그것에 대한 예이다.

홍해 사건은 창조주 하나님이 자신이 지으신 만물을 다스리시는 분임을 분명하게 보여준다. 홍해의 하나님은 자기 백성을 지키고 보호하시는 돌봄의 하나님이다. 홍해의 하나님은 자신에게 대적하는 적들과 싸워 이기시는 승리의 하나님이다. 홍해의 하나님은 강하고 능력이 많으신 전능의 하나님이다. 홍해의 하나님은 우주 만물을 창조하시고 인간의 역사를 주관하시는 정치의 하나님이다. 홍해의 하나님은 우주 가운데 "오직 유일한 여호와"(신 6:4) 참 하나님이다.

바로 그 하나님이 이스라엘 백성을 애굽 왕 바로의 권력과 억압에서 해방시켜 자유를 주셨다. 이제 자유롭게 된 이스라엘 백성이 해야 할 일은 "그 자유로 육체의 기회를 삼지 말고"(갈 5:13) 하나님을 사랑하고 섬기면서 오직 그 자유를 주신 주를 위해 쓰면서 세상을 위한 하나님의 구원계획을 섬기는 것이다.

홍해는 인간의 한계를 나타낸다. 모든 인간에게는 자신의 능력으로는 건너지 못할 홍해, 곧 하나님의 능력을 힘입어야만 건널 수 있는 영적 홍해가 있다. 인간이 스스로 자신의 능력에 취해 그 능력을 넘어서려고 하면 바로의 군대처럼 거기에 수장될 수 있다. 존재 자체가 무너질 수 있다. 반면에 전능하신 하나님은 그 한계를 넘어선다. 왜냐하면 하나님은 우주 만물을 지으신 전능하신 창조주로서 그 모든 것보다 크고 위대하시기 때문이다. 하나님은 자신이 원하시는 것은 무엇이든 다 하실 수 있다. 인간이 하나님의 능력을 구하고 의지하면 그 능력을 힘입을 수 있다. 따라서 우리는 하나님의 능력을 의지하고 구해야 한다.

모세의 노래

출애굽기 15장 1-18절은 이스라엘이 하나님의 능력에 힘입어 출애굽을 하고 홍해에서 하나님의 구원을 경험한 후에 모세와 이스라엘 백성이 처음으로 하나님을 찬송하는 노래로 구성된다. 이 노래는 매우 중요하다. 왜냐하면 하나님이 자신들에게 행하신 것을 인식하고 표현하며 기억하는 것이기 때문이다. 이스라엘 백성은 하나님이 자신들을 위해 행하신 일을 기억하고 전해야 하는 의무와 책임을 지니고 있다. 모세의 노래는 그 의무와 책임을 수행한다.

하나님은 이스라엘을 출애굽시키기 전 유월절을 지키고 기념하라고 명하시면서 이스라엘 부모들에게 그것을 자녀들에게 가르치라고 말씀하셨다. "너는 그 날에 네 아들에게 보여 이르기를 이 예식은 내가 애굽에서 나을 때에 여호와께서 나를 위하여 행하신 일로 말미암음이라"(출 13:8). "후일에 네 아들이 네게 묻기를 이것이 어찌 됨이냐 하거든 너는 그에게 이르기를…"(출 13:14).

이스라엘 부모들에게는 자신들이 경험한 하나님의 놀라운 구원의 은혜를 자녀들에게 알려주어야 할 책임이 있었다. 그러나 우선적인 것은 그들 자신이 그것을 분명하게 인식하고 기억하는 것이었다. 그러기 위해서는 계속해서 그것을 되새기고 기념해야 했다.

모세의 노래는 하나님의 구원행위를 축하하고 기념하는 노래이다. 과거에 대한 기억은 미래에 대한 전망과 비전의 토대가 된다. 우리는 과거를 무시하거나 망각하고서 미래를 바라거나 기대할 수 없다. 믿음에 대해서는 더욱 그렇다. 바른 믿음을 지니려면 언제나 오늘 우리가 서 있는 자리에서 과거를 기억하면서 미래를 전망하고 바라야 한다.

이와 관련하여, 하워드 헨드릭스(Howard Hendricks)는 각각 이렇게 말한다. "우리는 잠깐 멈추고 그분[하나님]이 이루신 일들을 기념하고 그분의 축복을 진정으로 즐기는 것이 필요하다. 그렇지 않으면 우리는 그분의 역사들을 쉽게 잊어버릴 수 있기 때문이다." "지나온 세월 속에서 하나님이 하셨던 것에 관하여 당신의 기억을 새롭게 하라. 그러면 그것이 장래에 하나님이 하실 일에 대한 당신의 믿음을 다시 불 당기게 할 것이다."

출애굽을 하고 홍해에서 기적을 체험한 모세와 이스라엘 백성이 하나님을 찬송한 것은 아주 바람직한 것이다. 특히, 출애굽 사건과 홍해의 기적은 이스라엘 백성이 자기들의 정체성을 확립하는데 아주 중요한 역할을 했다.

모세의 노래에는 중요한 내용이 많이 담겨 있지만, 그것의 핵심을 살펴보면 이와 같다. 모세는 무엇보다도 먼저 하나님에 대한 찬송의 이유로 하나님의 높으심, 영화로우심 그리고 홍해 기적 베푸심을 언급한 다음 자신과 관련하여 하나님에 대한 자신의 관계를 고백한다. "여호와는 나의 힘이요 노래시며 나의 구원이시로다 그는 나의 하나님이시니 내가 그를 찬송할 것이요 내 아버지의 하나님이시니 내가 그를 높이리로다"(2절).

그런 다음, 하나님의 위업/행하심을 언급한다. (1) 용사로서의 하나님-바로의 병거와 군대를 바다에 수장시킴(3-5절), (2) 권능의 하나님-주의 오른손으로 적군을 무찌름(6-10절), (3) 참 신으로서의 하나님-주와 같은 신은 없음(11-12절), (4) 구원자와 인도자로서의 하나님(13-17절), 그리고 (5) 통치자로서의 하나님-"여호와께서 영원무궁 하도록 다스리시도다"(18절).

모세의 이러한 노래에 대해 그의 누이 미리암은 다음과 같이 화답한다. "너희는 여호와를 찬송하라 그는 높고 영화로우심이요 말과 그 탄 자를 바다에 던지셨음이로다"(15:21).

이 우주 가운데 홀로 한 분이신 참 하나님은 애굽의 왕 바로를 물리치시고 이스라엘 백성을 그의 손에서 구원하셨다. 그리고 모세와 이스라엘 백성은 그러한 하나님의 역사에 바르게 응답했다.

홍해의 하나님은 많은 시간이 흘렀을 때 자신의 구원계획에 따라 예수 그리스도를 이 세상에 보내주셔서 그분을 통해 영적 홍해를 건너게 하시고 우리를 죄와 사망에서 구속하시고 자유롭게 하심으로써 영원한 생명 가운데 살게 하셨다. 그런 은혜를 입었다면 우리가 그분의 위업을 찬양하면서 믿음의 길을 가는 것은 당연하다. 우리의 머리로는 주께서 행하신 놀라운 일을 깨닫고(지성의 작용), 우리의 가슴으로는 그 은혜에 감격하여 예배하고 찬양하며(감성의 작용), 우리의 손과 발로는 믿음의 길을 충실히 걸어가면서(의지의 작용), 하나님을 영화롭게 하는 것이다. 그것이 참되고 최고의 지도자로서의 하나님의 인도를 따라 살아가는 하나님의 백성의 삶이다.

7

하나님, 자기 백성의 공급자

애굽에서 종살이를 하던 이스라엘 백성은 하나님의 은혜와 능력을 힘입어 출애굽을 하고 홍해에서 하나님이 베푸신 크신 능력과 역사를 통해 바로의 추격에서 완전히 벗어나 드디어 하나님이 약속하신 젖과 꿀이 흐르는 땅 가나안을 향해 행진해 가게 되었다.

출애굽기 14장(더 구체적으로는 15장 22절)에서부터 18장까지는 이스라엘 백성이 출애굽 후 곧이어 그들에게 일어났던 사건들을 다룬다. 그들이 출애굽 후 삼 개월이 지나 시내 광야에 이르러 거기에서 하나님과 언약을 맺게 되기 전까지 이스라엘에게 있어서 그 삼 개월의 기간은 특히 약속의 땅인 '가나안 지향적'이기보다는 '애굽 지향적'인 시기였다(물론, 그 이후에도 그런 성향이 전혀 없었던 것은 아니지만 그 때가 유독 강했다). 아직 애굽의 기와 노예근성이 완전히 빠지지 않은 시기였다.

그런 관점에서 볼 때, 어떤 의미에서는 광야 길은 이스라엘 백성이 애굽에서의 노예근성을 벗고 하나님의 성품을 입는 과정이라고 볼 수도 있다. 그런 점에서, 광야 길은 힘들고 고된 길이었음이 분명했지만 동시에 의미 있고 가치 있는 길이었음이 틀림없다. 하나님의 온전한 백성이 되기 위한 과정이라고 할 수 있다.

광야여정, 인생여정의 한 그림

이스라엘 민족이 출애굽 하여 약속의 땅 가나안에 들어가기 전까지 생활하며 걸어갔던 광야 길은 우리의 인생여정을 보여주는 하나의 중요한 그림이다. 이스라엘 백성의 여정에는 출발지-애굽-가 있었고 목적지-가나안-가 있었으며 그 과정-광야생활-이 있었다. 그 세 가지 요소는 우리 인생을 구성하는 세 가지 요소를 그대로 나타낸다. 곧 출애굽은 우리의 출생을 나타내고 요단강을 건너 가나안 땅으로 들어가는 것은 죽음을 통해 영원한 세계로 들어가는 것을 나타낸다. 그리고 광야 길은 우리의 인생길, 곧 인생여정을 나타낸다. 그러므로 우리는 이스라엘 백성의 광야생활을 단순히 독자의 입장을 넘어서 우리 인생과 관련하여 읽어가는 것이 바람직하고 유익하다.

무신론적 입장에서 보면, 우리 인생은 역사의 어느 순간에 어떠한 이유나 목적이 없이 부모의 성적 결합의 산물로, 곧 쾌락의 산물로 우연히 이 세상에 태어나, 더 정확히 말하면 이 세상에 "던져져" 존재하게 되고, 그 후에 인생의 사계절-그것의 특징은 생로병사이다-을 보내다가 인생무상, 곧 인생의 허무함을 느끼면서 홀로 세상을 떠나 흙으로 돌아가게 되는 과정이다.

반면에 유신론적 입장에서 보면, 더욱이 성서적, 기독교적 입장에서 보면, 우리 인생은 하나님의 창조질서 안에서 하나님의 계획과 경륜에 따라 이 세상에 태어나 하나님과 동행하는 삶을 살다가—유신론적 입장에서 인간의 삶의 목적은 하나님과 교제하면서 하나님께 영광을 돌리는 것이다. 사도 바울은 이와 관련하여 이렇게 말했다. "너희가 먹든지 마시든지 무엇을 하든지 다 하나님의 영광을 위하여 하라"(고전 10:31)—죽음을 통해 부활의 소망을 품고 영원한 생명의 근원이신 하나님께로 돌아가게 된다. 그리고 장차 영적 가나안인 새 하늘과 새 땅에서 하나님을 찬양하면서 구속의 주 예수 그리스도와 함께 다스리면서 영원히 살게 된다.

그러나 이 타락한 세상에서는 비록 우리의 인생길, 곧 광야 인생길이 하나님과 함께 걸어가는 길이라고 하더라도, 광야는 다양한 면들을 지니고 있고 또 많은 장애물들이 있기에, 더욱이 하나님을 거부하는 죄인들이 함께 걸어가기에 다양한 일들이 일어난다. 때문에 우리의 믿음과 상관없이 우리의 삶도 다양한 장애물이 있고 또 여러 가지 어려운 일들을 만난다. 믿음의 사람들도 믿지 않는 사람들이 겪는 일들을 동일하게 겪으면서 살아간다. 때로는 믿음 때문에 더 어려운 상황에 처하기도 하고 심지어는 죽음의 상황에 놓이게도 된다. 예수님의 삶이 그랬고 그분을 따르는 사람들의 삶도 그렇다. 그것이 현실이고 이 세상에서의 실제 삶이다.

피터슨이 말하는 것처럼, 어떤 의미에서 "인간이 된다는 것은 어려움(trouble) 가운데 있는 것이다…고난은 인간됨의 특징이다." 누구에게나 광야는 있다. 인생길에는 광야가 있다. 왜냐하면 우리가 살아가는 세상은 타락한 세상이고 그래서 본질적으로 세상 자체가 광야이기 때문이다. 어떤 광야는 짧은 반면에 어떤 광야는 길다. 어떤 광야는 식물이나 오아시스가 있는 반면에 어떤 광야는 모두 말라버려 아무 것도 없다. 우리 인생의 광야의 모습도 그와 같다. 어떤 인생의 광야는 짧지만, 또 어떤 인생의 광야는 길다. 어떤 인생의 광야는 부족하나마 이것저것이 있어서 견딜만하지만, 어떤 인생의 광야는 모든 것이 다 메말라 생존하기조차 어렵다. 이것이 타락한 세상에 존재하는 인생 광야의 여러 모습이다.

그러나 우리는 하나님 없이 살아가는 인생들과는 달리 하나님의 도우심과 돌보심을 받고 그분이 공급해주시는 것으로 살아간다. 그로 인해 우리는 어떤 상황에 있든지 시인처럼 "여호와는 나의 목자시니 내게 부족함이 없으리로다"(시 23:1)라고 노래하고, 사도 바울처럼 "어떠한 형편에든지 나는 자족하기를 배웠노니 나는 비천에 처할 줄도 알고 풍부에 처할 줄 알아 모든 일 곧 배부름과 배고픔과 풍부와 궁핍에도 처할 줄 아는 일체의 비결을 배웠노라"(빌 4:11-12)고 고백한다.

인생 광야 길에서 우리는 좋으신 하나님을 바란다. 하나님만이 우리의 소망이시기 때문이다. 그분이 우리가 걸어가는 인생 광야 길에 함께하시면서 우리를 인도하신다. 그로 인해 우리는 이 세상 광야를 지나 하나님의 나라에 무사히 이르게 될 것이다. 때문에 우리는 오직 하나님께만 소망을 두고 하나님과 함께 인생길을 걸어가야 한다. 댄 알렌더(Dan B. Allender)와 트렘퍼 롱맨(Tremper Longman)은 이렇게 말한다.

우리는 하나님을 갈망한다…시편은 하나님의 궁극적인 좋은 선물이신 하나님 자신에 대한 우리의 소망을 표명한다…그러면 하나님의 선하심(goodness)의 성격은 무엇인가? 하나님이 선하게 창조하셨지만 인간의 죄로 인해 어둠에 빠져버린 타락한 세상의 한가운데서도, 하나님은 우리의 허기(hunger)를 채워주시고 우리에게 희망을 주신다. 우리의 기쁨은 이러한 하나님의 선물들로부터 기인한다. 그것은 고통의 한복판에 있는 기쁨이다. 왜냐하면 우리에게서 이 선하심의 핵심을 빼앗을 수 있는 것은 아무 것도 없다는 것을 우리는 알기 때문이다. 그 핵심은 하나님 자신이다.

우리의 필요를 채워주시는 하나님

애굽을 떠난 이스라엘 백성은 수르 광야로 들어가서 거기서 사흘 길을 갔다. 그러나 거기서 마실 물을 찾지 못하고 마라에 이르렀는데, 그곳에서는 물을 찾긴 했지만 그 물은 마시기에 적합하지 않았다. 너무 썼기 때문이다. 그래서 이스라엘 백성은 불평하고 원망했다. 사실, 이스라엘 백성은 광야 길을 가는 동안 늘 불평했다. 그들의 주특기가 불평이었다. 물론, 한편으로는 그들이 불평할 수 있는 상황에 처해 있었던 것은 사실이다. 그들은 바로의 추적으로 위협에 직면했었고 먼 길을 걸어 왔기에 심신이 적잖이 지친 상태였다. 그들은 분명 힘든 상황에 놓여 있었다.

하지만 불평하는 대신에 모세에게 요청하거나 하나님께 기도하는 것이 더 바람직했다. 왜냐하면 하나님은 자기 백성의 기도와 부르짖음에 응답하시고 자기 백성의 필요를 채워주시는 은혜가 풍성하신 분이기 때문이다. 그들은 얼마 전까지만 해도 그것을 경험한 바 있다. 그래서 그들은 하나님이 자신들의 필요를 채워주시는 분임을 경험을 통해 잘 알고 있었다.

하나님은 여전히 우리의 필요를 채워주시는 은혜와 소유가 풍성하신 분이다. 그래서 그분은 우리의 필요를 충분히 채워주시고도 남는다. 예수님은 제자들에게 "목숨을 위하여 무엇을 먹을까 무엇을 마실까 몸을 위하여 무엇을 입을까 염려하지 말라"(마 6:25)고 말씀하시면서 하나님은 들풀을 입히시는 것처럼 우리 인간의 필요를 채워주시는 분임을 분명하게 가르치셨다. 하나님이 우리 인간의 필요를 채워주시는 분이라면, 자기 백성의 기도를 들으시고 그들의 필요를 채워주시는 참 좋으신 하나님이라는 것은 두 말할 필요가 없다. 우리는 광야를 지나 가나안으로 행진해 가는 이스라엘 백성의 필요를 채우시는 하나님을 보면서 그것을 확인받게 된다.

이스라엘 백성의 불평을 들은 모세는 곧바로 하나님께로 향해 부르짖었고 하나님은 그 부르짖음에 응답하셨다. 하나님은 이스라엘의 불평을 책망하지 않으셨다. 대신에 모세로 하여금 한 나무를 물에 던지게 하심으로써 그 쓴물을 단물이 되게 하여 이스라엘 백성으로 하여금 목마름을 해갈하도록 해주셨다.

이스라엘 백성이 불평할 때 모세가 하나님께로 향한 것은 지도자로서의 모세의 기본적인 역할을 제대로 수행한 것이다. 하나님이 세우신 하나님 백성의 지도자는 언제나 백성의 필요를 가지고 하나님께로 나아가야 한다. 그리고 하나님의 말씀과 뜻을 그들에게 알려야 한다. 물론, 하나님의 백성 각자가 직접 하나님 앞으로 나아갈 수 있다는 것은 성서의 기본적인 개념이다. 그것이 기도의 역할이다. 그러나 지도자로 세움 받은 사람은 특별히 자신이 섬기는 하나님 백성 공동체의 필요를 분명하게 인식하고 그것을 가지고 하나님 앞에 나아갈 책임이 있다. 중재자로서의 역할, 중보자로서의 역할이다. 모세는 그 일을 제대로 인식하고 수행했다.

이스라엘 백성은 행진을 계속하여 엘림에 이르렀는데 거기에는 샘이 열 두 개가 있었고 종려나무가 일흔 그루가 있었다. 그들은 거기에서 장막을 쳤다가 다시금 그곳을 떠나 엘림과 시내산 사이에 있는 신 광야(the Desert of Sin)에 이르렀다. 애굽을 나온 지 사십 오일만의 일이었다.

그러나 이스라엘 백성은 다시금 모세와 아론을 원망하기 시작했다. 이번에는 원망과 불평이 좀 더 원색적이고 구체적이었다. 그들은 자신들이 떠나온 애굽을 그리워하면서 작금의 현실의 나쁨과 지난 날 애굽 생활의 좋음에 대해서 비교한다. 곧 "우리가 애굽 땅에서 고기 가마 곁에 앉아 있던 때와 떡을 배불리 먹던 때에 여호와의 손에 죽었더라면 좋았을 것을 너희가 이 광야로 우리를 인도해 내어 이 온 회중이 주려 죽게 하는도다"(출 16:3).

여기서 이스라엘 자손은 "애굽(바로)의 공급"과 "여호와의 공급"을 비교하면서 애굽의 공급이 더 풍성하고 넉넉했음을 찬양한다. 반면에 모세의 공급, 곧 하나님의 공급은 형편없다고 비난한다. 다시 말하면, 비록 노예로 인간 이하의 취급을 받더라도 배불리 먹던 그 때가 꿈을 안고 약속의 땅을 향해 나아가느라 고생하는 지금보다 차라리 좋다는 것이었다. 그러나 이스라엘 백성은 애굽에서 종살이를 하면서 고통을 당할 때 "고된 노동으로 말미암아 탄식하며 부르짖"었었다(출 2:23). 그들은 약속된 미래가 아니라 단지 고생이 싫은 것이었다. 그러나 밝은 미래를 위한 오늘의 수고가 없다면 그 미래는 결코 현실이 될 수 없다. 진정 그렇다.

하나님은 이스라엘 백성의 원망소리를 들으시고 모세를 불러 말씀하신다. "보라 내가 너희를 위하여 하늘에서 양식을 비 같이 내리리니 백성이 나가서 일용할 것을 날마다 거둘 것이라"(출 16:4). 하나님이 하늘에서 양식을 내려주실 때 이스라엘 백성이 지켜야 할 두 가지 조건이 있었다. 하나는 여섯째 날에는 안식일을 위해 "날마다 거둔 것의 갑절," 곧 두 배를 준비하는 것이었고, 다른 하나는 너무 많이 거두지 않고 매일 먹을 만큼만 거두는 것이었다. 많이 거두어도 그 다음날에는 상해서 먹지 못하게 될 것이기 때문이었다. 그런 다음, 실제로 하나님은 아침에는 만나를 내려주시고 저녁에는 메추라기를 내려주셨다. 이스라엘 자손은 하나님의 공급하심에 따라 가나안 땅 접경에 이르기까지 사십년 동안 만나를 먹었다(출 16:35).

하나님이 하늘에서 만나와 메추라기를 내려 이스라엘을 먹이신 사건에서 우리는 두 가지 중요한 사실을 알게 된다. 첫째, 하나님은 자기 백성을 돌보고 그들의 필요를 채우시며 필요한 것들을 공급해주시는 분이라는 것이다. 둘째, 인간의 삶의 기본 양식은 일용할 양식이라는 것이다. 일용할 양식을 구한다는 것은 매일 하나님을 의지하고 사는 것을 의미한다.

일용할 양식이 아니라 십년 양식 또는 평생 양식을 소유하게 되면(하나님의 공급을 신뢰하지 못하는 믿음이 적고 욕심이 많은 우리들 대부분은 그것을 원한다). 그는 하나님을 의지하기보다는 물질을 의지하게 된다. 그때 물질은 신이 된다. 예수님은 물질을 의지하고 사는, 그래서 결국에는 물질을 섬기게 되는 사람들에게 이렇게 경고하셨다. "집 하인이 두 주인을 섬길 수 없나니 혹 이를 미워하 고 저를 사랑하거나 혹 이를 중히 여기고 저를 경히 여길 것임이니라 너희는 하나님과 재물을 겸하여 섬길 수 없느니라"(눅16:13). 때문에 사람이 너무 많은 물질을 소유하고 너무 부에 취해서 살면 그것은 큰 문제가 될 수 있다.

물론, 물질이나 부 자체는 나쁘거나 악한 것이 아니다. 더욱이 정당하게 일해서 소득을 얻고 부자가 되는 것은 나쁘지 않다. 물질이나 부를 인생의 목적으로 삼고 그것에 인생을 담는 것이 죄다. 물질이나 부는 수단이지 결코 목적이 될 수 없고, 그것을 다른 사람들을 억압하고 인간성을 말살하는 도구로 삼는 것이 문제이다.

예수님은 제자들이 기도를 가르쳐달라고 요청했을 때 그들에게 기도를 가르쳐주셨는데(마 6:11-13), 그 가르치신 기도의 내용에는 일용할 양식의 문제가 담겨 있다. "오늘 우리에게 일용할 양식을 주시옵고"(11절). 예수님은 날마다 "그 날"의 양식을 달라고 기도하라고 말씀하신다. 우리는 다다익선/많을수록 좋다(the more, the better)는 사고를 조장하고 또 그런 사고에 익숙한 문화-자본주의/물질만능주의 문화-속에서 끊임없이 많음을 추구하며 산다. 그러나 거기에는 온전한 만족도 참된 만족도 없다. 왜냐하면 인간의 욕심은 한이 없기 때문이다. 그 어떤 것도 인간의 욕심을 온전하게 충족시킬 수 없다.

하지만 일용할 양식에 대한 예수님의 가르침은 그러한 우리의 욕심에 쐐기를 박는다. 특히, 일용할 양식에 대한 예수님의 가르침은 하나님이 광야에서 모세를 통해 이스라엘에게 말씀하시고 실제로 하늘로부터 양식을 내려주신 은혜와 그대로 일치한다. 성부 하나님과 성자 예수님은 동일하신 하나님이시기 때문이다.

하나님은 우리의 필요를 채워주시는 분이다. 그분은 우리에게 필요한 것을 공급해주신다. 하나님이 광야의 이스라엘 백성에게 날마다 만나와 메추라기를 내려주신 것처럼 우리에게도 일용할 양식을 주신다. 그러므로 우리는 내일 일을 염려하지 말고 먼저 그리고 늘 하나님의 나라와 그의 의를 구하면서 매일 주어진 일에 충실하며 살아갈 필요가 있다.

피터슨의 다음의 말은 하나님의 사람들의 일상적인 삶의 성격을 잘 설명해준다.

> 기독교적 삶은 하나님을 향해 간다. 하나님을 향해 갈 때, 그리스도인들은 그 밖의 모든 사람들이 걸어가는 같은 땅을 여행하고, 같은 공기를 호흡하고, 같은 물을 마시고, 같은 가게에서 물건을 사고, 같은 신문을 읽고, 같은 정부 하의 시민들이고, 같은 식료품비와 자동차 연료비를 내며, 같은 땅에 묻힌다. 차이점은 이것이다. 우리가 발걸음을 내딛는 매순간, 우리가 호흡하는 매 순간 하나님이 우리를 보호하신다는 것을 우리는 알고, 하나님이 우리와 동행하신다는 것을 우리가 알며, 하나님이 우리를 다스리신다는 것을 우리가 아는 것이다. 그러므로 주님은 우리를 모든 악으로부터 지키실 것이며 우리의 실제 삶을 보호하실 것이다.

이것이 우리가 광야 인생길을 힘차게 걸어갈 수 있는 이유이다. 하나님, 곧 우리의 하늘 아버지가 우리와 함께 하시면서 우리를 보호하시고 우리가 걸어가는 길을 인도하시기 때문이다. 모세와 이스라엘 백성의 이야기가 그것을 예증한다.

공동 지도력

모세는 이스라엘 백성을 애굽에서 이끌어내어 약속의 땅 가나안으로 인도해가라는 하나님의 소명을 받았을 때 본래 말을 잘 하지 못한다는 이유를 들어서 바로에게 나아가 하나님의 말씀을 전하기를 거부했다(출 4:10). 그 때 하나님은 말을 잘하는 모세의 형 아론을 세워 모세를 돕게 하셨다(10절). 그로 인해 모세와 아론 사이에는 공동의 지도력(co-leadership)이 형성되었다. 물론, 모세가 주된 지도자였고 아론은 돕는 지도자였다.

모세는 광야에서 이스라엘 백성을 가나안으로 이끌어 가는 동안 그들의 지도자로서 여러 가지 일을 병행해야 했다. 그것들 중 하나는 백성을 재판하는 것이었는데, 그들은 아침부터 그의 곁에 서 있었다(출 18:13). 이스라엘 백성은 하나님께 물으려고 모세에게 왔고, 모세는 그럴 경우 "그 양쪽을 재판하여 하나님의 율례와 법도를 알게" 했다(16절). 그로 인해 모세는 매우 분주했다.

모세의 장인 이드로는 모세가 행하는 모든 일을 보고 그렇게 하는 것이 옳지 않다고 말하고는 한 가지 방침을 제시한다. 곧 동역자를 세워 그들로 하여금 작은 일들을 처리하게 할 것을 제안한 것이다. 그 방침에는 몇 가지 특징이 있다.

첫째, 사건들을 하나님 앞에 가져와서 하나님의 백성에게 "율례와 법도를 가르쳐서 마땅히 갈 길과 할 일을 그들에게 보이"는 것이다(20절).

둘째, 백성 가운데서 능력 있는 사람들을 뽑아 그들로 하여금 때를 따라 백성을 심판하게 하는 것이다. 그들의 대표자는 천부장, 백부장, 오십부장 그리고 십부장으로 구분되는데, 그들의 조건은 "하나님을 두려워하며 진실하며 불의한 이익을 미워하는 자"(21절)이다.

이 조건은 영적 지도자에게 매우 중요하고 본질적인 것이다. 곧 영적 지도자는 무엇보다도 하나님을 경외하는 자여야 한다. 그래야 하나님의 진리를 존중하고 바르게 행할 수 있다. 뿐만 아니라 영적 지도자는 진실해야 한다. 진실은 영적 지도자의 또 하나의 중요한 덕목이다. 그리고 영적 지도자는 자신의 지위와 권한을 남용하거나 악용하여 불의의 이익을 취하지 않아야 한다. 그렇게 할 수 있는 사람들이 지도자가 되어야 믿음의 공동체가 건강할 수 있고 바로 세워질 수 있다.

셋째, 적절한 역할 분담이 이루어져야 한다는 것이다. 그렇게 함으로 큰일은 모세가 재판하고 작은 일들은 동역하는 지도자들이 담당하여 심판함으로써 모세의 일이 쉬워지고 일이 더 효율적으로 진행될 수 있게 된다.

모세는 장인의 제안을 받아들이고 그대로 행했다. 그로 인해 백성의 우두머리 곧 천부장, 백부장, 오십부장 그리고 십부장이 "때를 따라 백성을 재판하되 어려운 일은 모세에게 가져오고 모든 작은 일은 스스로 재판하"게 되었다(26절).

신앙 공동체에서 이 지도력의 구조는 중요하다. 왜냐하면 기독교 사역과 기독교 지도력은 본질적으로 파트너십이고 동역이기 때문이다. 영적 지도자는 먼저 하나님과 파트너십-그 주도권은 하나님께 있다-으로 사역하고 동시에 다른 지도자들과 협력-그 주도권은 주된 지도자에게 있다. 이것은 부정되어서는 안 된다. 그것은 하나님이 정하신 지도력의 질서이기 때문이다-하여 사역하게 된다. 그 지도력/파트너십과 사역의 목적은 하나님의 목적과 계획을 이루는 것이다. 모든 지도력의 지향점은 하나님의 뜻을 이루는 것이다. 왜냐하면 모든 지도자는 하나님의 일을 하도록 부르심을 받고 세움을 받기 때문이다. 모든 영적 지도력은 근본적으로 그리고 궁극적으로 하나님의 지도력을 섬긴다.

바울은 동역의 목적을 말하면서 예수 그리스도가 신앙공동체 안에 각각의 직분자-지도자/사역자-를 주신 것은 "성도를 온전하게 하며 봉사의 일을 하게 하며 그리스도의 몸을 세우려 하심이라"(엡 4:12)고 말한다. 공동의 지도력이 잘 발휘되면 하나님의 백성 공동체가 바르게 세워진다. 바꿔 말하면, 지도력이 제대로 발휘되고 있는지를 보려면 공동체가 바로 세워지고 있는지를 보면 알 수 있다.

하나님은 자신의 백성의 필요를 채우시고 필요한 것들을 공급하신다. 그러므로 하나님의 백성은 하나님의 인도하심을 따라 바른 길과 의의 길로 걸어가면서 하나님께 필요한 것을 공급해달라고 기도할 필요가 있다. 그리고 하나님은 자기 백성 공동체를 세우신다. 그것을 위해 지도자(들)를 세우시고 그(들)로 하여금 자신의 사역을 제대로 감당하도록 지혜와 능력을 주신다. 그러므로 영적 지도자들은 무엇보다도 하나님과 바른 관계 안에서 그분의 뜻을 존중하면서 자신에게 맡겨진 역할을 충실하게 감당할 필요가 있다. 그리고 백성들은 그 지도자들을 존중하면서 그들의 지도력을 인정하고 그들을 따라 하나님의 백성 공동체를 함께 세워갈 필요가 있다. 그럴 때 비로소 모든 구성원은 "성령 안에서 하나님이 거하실 처소가 되기 위하여 예수 안에서 함께 지어져" 갈 수 있게 된다(엡 2:22).

8

시내산 언약: 하나님과 이스라엘 민족이
특별 관계를 맺다

하나님의 백성으로서의 이스라엘의 역사에는 민족으로서의 그들의 정체성 형성과 관련하여 두 가지 중요한 사건이 있었다. 출애굽 사건과 시내산 언약이 그것인데, 그 두 사건은 출애굽기를 구성하는 두 가지 맥이다. 출애굽 사건은 유월절 사건과 더불어 홍해 도하가 절정이고, 시내산 언약은 율법수여가 절정이다.

특히, 야웨 신앙공동체로서의 이스라엘의 형성과 관련하여 그 두 사건은 서로 밀접하게 관련되어 있어서 둘 중의 하나가 없으면 나머지 하나는 불완전한 것이 되고 만다. 곧 만일 출애굽 사건이 없었다면 하나님의 백성으로서의 이스라엘 민족의 형성은 불가능했을 것이고 당연히 시내산 언약도 없었을 것이다. 이스라엘 민족의 출발점은 출애굽 사건이고, 시내산 언약은 전적으로 출애굽 사건에 근거하기 때문이다.

반면에 시내산 언약이 없었다면 출애굽 사건은 그저 인간 역사 속의 한 사건이 되고 말았을 것이다. 인간의 역사에서 일어난 조금 특별한 여러 사건들 중의 하나, 곧 이스라엘이란 민족의 특별한 기원 이야기에 불과하게 되었을 것이다.

그런 이유로, 이 두 사건은 서로 나뉠 수 없고 또 나누어 생각할 수도 없다. 하나님의 은혜로 애굽에서의 종살이에서 해방을 받은 이스라엘 민족은 하나님이 자신들을 자유롭게 하신 목적대로 하나님과 언약 관계를 맺고 하나님의 거룩한 백성과 제사장 나라가 되어 세상에 하나님의 구원과 복의 통로가 되어야 하는 것이었다.

하나님의 시내산 계시

베드로 사도는 당시 소아시아 주변의 여러 지역에 흩어져 있던 믿음의 형제자매들(벧전 1:1)에게 이렇게 썼다. "너희는 택하신 족속이요 왕 같은 제사장들이요 거룩한 나라요 그의 소유가 된 백성이니 이는 너희를 어두운 데서 불러내어 그의 기이한 빛에 들어가게 하신 이의 아름다운 덕을 선포하게 하려 하심이라"(벧전 2:9). 여기서 베드로 사도는 신자들의 영적 신분과 관련하여 네 가지를 제시한다. "택하신 족속," "왕 같은 제사장들," "거룩한 나라" 그리고 "하나님의 소유가 된 백성"이 그것이다.

그들은 이전에는 이런 신분의 사람들이 아니었다. 그들은 택하신 족속이 아니었고 왕 같은 제사장들이 아니었다. 거룩한 나라가 아니었고 하나님의 소유가 된 백성이 아니었다. 그들은 그 이전에 그들의 "조상이 물려준 헛된 행실"을 따라 살았다. 그러나 그들은 그런 행실에서 대속함을 받아 새로운 신분을 얻게 되었다. 예수 그리스도의 "보배로운 피"(벧전 1:19)로 말미암아 하나님을 믿는 믿음을 통해서다.

같은 맥락에서, 사도 바울은 "에베소에 있는 성도들과 그리스도 예수 안에 있는 신실한 자들에게"(엡 1:1) 보내는 편지에서 이렇게 말한다.

> 그러므로 생각하라 너희는 그 때에 육체로는 이방인이요 손으로 육체에 행한 할례를 받은 무리라 칭하는 자들로부터 할례를 받지 않은 무리라 칭함을 받는 자들이라 그 때에 너희는 그리스도 밖에 있었고 이스라엘 나라 밖의 사람이라 약속의 언약들에 대하여는 외인이요 세상에서 소망이 없고 하나님도 없는 자이더니 이제는 전에 멀리 있던 너희가 그리스도 예수 안에서 그리스도의 피로 가까워졌느니라.(엡 2:11-13)

그런데 실제로 이런 진술은 출애굽기 19장 3절에 기초한다. 이스라엘 백성이 시내 광야에 이르러 거기에 장막을 쳤을 때(출 19:1-민 10:10까지는 이스라엘 백성이 시내 광야에 머무르는 동안 일어난 일들을 기록하고 있음), 하나님은 모세를 산위로 부르시고 이렇게 말씀하셨다. "내가 애굽 사람에게 어떻게 행하였음과 내가 어떻게 독수리 날개로 너희를 업어 내게로 인도하였음을 너희가 보았느니라 세계가 다 내게 속하였나니 너희가 내 말을 잘 듣고 내 언약을 지키면 너희는 모든 민족 중에서 내 소유가 되겠고 너희가 내게 대하여 제사장 나라가 되며 거룩한 백성이 되리라 너는 이 말을 이스라엘 자손에게 전할지니라"(출 19:4-6).

이것은 하나님이 이스라엘 백성과 맺으실 "언약의 핵심"에 대한 요약이다. 이와 관련하여, 메릴은 이렇게 말한다.

> 출애굽기 19:4-6이 출애굽기에서 신학적으로 가장 중요한 본문이라는 것은 의심할 여지가 없다. 본문은 이스라엘의 아들 됨에 관해 족장들에게 하신 약속과 이스라엘을 여호와의 종 된 나라로 삼은 시내산 언약의 요체가 되기 때문이다. 이것은 이스라엘에 대한 선택으로 나타나는 출애굽 사건을 포함하며, 선민들에게 주관자 하나님과 모든 피조 영역을 중재하는 특권적 역할을 수행할 수 있는 기회를 제공한다. 따라서 본문에 보다 많은 관심을 가져야 한다.

이 진술에는 몇 가지 중요한 점이 있다. 무엇보다도, 하나님은 이스라엘 민족에게 자신이 행하신 일-애굽 왕 바로로부터 구원하신 일-을 상기시키신다. 하나님과 이스라엘 백성 사이에 맺어지는 언약은 "하나님의 구원의 선취성"(웬함)에 근거한다.

이스라엘 백성은 이 경험을 잊지 않아야 한다. 왜냐하면 그것은 하나의 민족, 곧 야웨 신앙공동체로서의 그들의 존재의 근거이기 때문이다. 그래서 하나님은 이스라엘 백성에게 그것을 계속해서 상기하라고 명하셨다. 믿음은 언제나 하나님의 존재와 행위에 근거한다. 우리는 하나님의 말씀을 토대로 하나님의 행위를 통해 하나님을 이해하게 된다. 우리의 믿음이 강화되고 성장하려면 우리는 하나님이 우리를 위해 행하신 일을 기억해야 한다.

망각은 신앙의 적이다. 하나님이 행하신 일에 대한 기억이 희미해질수록, 우리 믿음도 그 만큼 약해진다. 그래서 우리는 계속해서 하나님이 행하신 일을 상기해야 한다. 상기하는 것, 곧 되새기는 것은 과거를 현재에 다시 세우는 것이다. 과거를 현재화할 때 우리는 미래를 전망할 수 있게 된다.

둘째, 하나님은 세계가 다 하나님께 속했다고 말씀하신다. 왜냐하면 하나님이 그 모든 것을 지으시고 그래서 그 모든 소유권이 창조주 하나님께 있기 때문이다. 우리의 존재도, 우리의 생명도 그리고 우리의 모든 소유도 하나님께 속하고 하나님의 것이다. 그래서 사도 바울이 아덴에서 설교했던 말은 정확히 옳다. "우리가 그를 힘입어(in Him) 살며 기동하며 존재하느니라"(행 17:28). 단지 우리는 이 세상에서 사는 동안 청지기로 잠시 그분이 지으신 모든 것을 빌려 쓰는 것뿐이다. 그리고 죽을 때 그 모든 것을 반납하게 된다.

셋째, 이스라엘 민족이 하나님의 말씀을 잘 듣고 언약을 지키면 하나님의 소유, 제사장 나라 그리고 거룩한 백성이 된다는 것이다. 이스라엘 백성은 하나님이 주시는 언약 율법을 지켜야 한다. 그것이 순종이며, 그것의 결과는 하나님과 더 친밀한 관계를 맺고 더 깊은 사귐을 누릴 수 있게 되는 것이다. 그렇게 되면 이스라엘 자손들은 하나님의 백성이 되고 세상 모든 나라에 대해 제사장 역할을 할 수 있게 된다. 그것이 그들의 주변 세상, 곧 모든 열방을 위해 해야 할 일이다. 왜냐하면 하나님은 아브라함을 통해 그 약속을 주셨고 이스라엘 자손은 그 약속의 계승자이기 때문이다.

하나님과 이스라엘 민족 사이의 언약은 그 성격상 조건적이고 쌍방적이었다. 만일 하나님과 이스라엘 백성 중 어느 한쪽이 언약을 깨면 그것은 무효가 될 수 있는 것이었다. 그래서 하나님과 이스라엘 백성은 모두 서로에게 충실히 언약을 지킬 책임과 의무가 있었다.

하나님은 모세에게 자신의 말씀을 이스라엘에게 전하라고 말씀하신다. 그리고 모세는 하나님의 말씀에 따라 그들에게 그대로 전하고 그대로 순종했다. 영적 지도자는, 말씀을 전하는 자는 회중에게 하나님의 말씀을 가감 없이 그대로 전해야 한다. 왜냐하면 그는 사람을 기쁘게 하는 사람이 아니라 "우리 마음을 감찰하시는 하나님을 기쁘시게" 하는 사람이기 때문이다(살전 2:4). 영적 지도자는 말씀의 전달자, 말씀의 해석자 그리고 말씀의 대언자이지 말씀의 출처, 말씀의 창출자가 아니다. 또한 영적 지도자는 하나님의 말씀과 하신 일을 계속해서 전해야 한다. 그것은 하나님의 역사적 행위를 상기시키는 역할을 하고 또 회중의 신앙을 강화하는 것이 된다. 모세는 하나님이 말씀하신 것을 이스라엘 백성에게 그대로 알렸고 그것을 기록으로 남겼다. 모세는 좋은 영적 지도자였다.

모세의 말을 들은 이스라엘 자손은 그렇게 하기로 일제히 응답했다. "여호와께서 명령하신 대로 우리가 다 행하리이다"(출 19:9). 이제 하나님과 이스라엘 백성 사이에 언약이 체결될 수 있는 준비가 되고 조건이 성립되었다. 이제 하나님이 말씀하시고 그것을 듣고 동의한다는 영적 도장을 찍으면 그 둘을 묶어주는 언약이 체결되어 하나님은 그들의 하나님이 되시고 그들은 하나님의 백성이 될 수 있게 된다. 이런 점에서, "이스라엘이 하나님의 백성이라는 사실은 하나님의 무조건적 주관에 관한 문제이며, 이스라엘이 특별한 방식으로 하나님을 섬겨야 한다는 것은 이스라엘의 자유로운 선택에 달려 있다"(메릴).

이스라엘 민족, 하나님의 임재 앞에 서다

이스라엘이 하나님의 말씀에 동의하자, 하나님은 모세에게 이스라엘 백성으로 하여금 자신을 맞을 준비를 하도록 명하신다. 하나님은 준비 기간으로 사흘을 주셨다. 그들은 자기를 성결하게 해야 했고 자기 옷을 빨아야 했고 성관계를 금해야 했으며 산에서 멀리 떨어져 있어야 했다. 하나님은 거룩하신 분이기 때문에 그들은 깨끗하고 순결한 상태로 하나님의 임재를 맞이해야 했다. 거룩하신 하나님의 임재로 시내산은 거룩한 장소가 된다.

셋째 날, 모세는 하나님을 맞으려고 백성과 함께 산기슭에 섰다. 그때 하나님은 연기가 자욱할 때 불 가운데서 시내산에 강림하셨다(16절). 하나님은 모세를 불러 이스라엘 백성들로 하여금 가까이 오지 못하도록 이르셨고, 모세는 그렇게 알린 다음 하나님의 말씀에 따라 아론과 함께 다시 산에 올랐다. 그리고 거기서 하나님의 계명—율법—을 받았다.

하나님의 임재는 인간에게 거룩한 만남이다. 그래서 하나님의 임재 앞에 서는 사람은 누구나 경외의 마음을 가지고 경건한 모습으로 서야 한다. 이 세상에 이 만남보다 더 귀하고 경건한 만남은 없다. 자신을 지으신 창조주요 자신을 구원하신 구주와의 만남이기 때문이다. 그래서 그 거룩한 만남은 인간 편에서 그에 합당한 준비가 필요하다.

야곱은 잠을 자다가 하나님의 임재를 경험하고는 두려워하면서 일어나 그곳에 제단을 쌓았다(창 28:13-19). 앞에서 살펴본 바와 같이, 모세가 하나님의 임재를 경험할 때 하나님은 그에게 '그곳은 거룩한 곳이니 네 신을 벗으라'고 말씀하셨다. 인간은 거룩하신 하나님 앞에 거룩한 모습으로 나아가야 한다. 그것이 하나님이 시내산에서 이스라엘 백성에게 나타나실 때 모세를 향해 "너는 백성을 위하여 주위에 경계를 정하고 이르기를 너희는 삼가 산에 오르거나 그 경계를 침범하지 말지니 산을 침범하는 자는 반드시 죽임을 당할 것이라"(출 19:12)고 말씀하신 이유이다.

율법 수여: 열 가지 계명 그리고 언약의 책

모세는 하나님의 부르심을 받아 시내산 정상으로 올라갔다. 시내산 정상은 성막과 성전의 지성소에 상응한다. 그래서 그곳은 아무나 올라갈 수 없었다. 오직 하나님의 부르심을 받은 모세만 올라가 하나님의 임재 앞에 설 수 있었다.

시내산 정상에 오른 모세는 거기서 하나님으로부터 시내산 언약의 바탕이 되는 십계명을 받았다(십계명은 출애굽기 20장에서 뿐만 아니라 신명기 5장에서 다시금 언급된다. 그러나 출애굽기의 십계명은 출애굽 1세대에게 주어진 것이고, 신명기의 십계명은 출애굽 2세대에게 주어진 것이다. 그래서 그 두 가지 계명은 상황과 강조점과 대상이 다르다). 십계명은 "시내산 언약의 정수(core)"(웬함)로서 시내산 언약을 구성하는 두 부분(십계명[20:2-17]과 언약의 책[20:22-23:33]-학자들은 이 부분을 출 24장 7절에 나온 용어를 사용하여 언약의 책/언약서[the book of the covenant]라고 부른다) 중에서 첫 번째 부분에 속한다. 특히, 십계명은 두 부분으로 나뉘는데, 앞부분의 네 계명은 하나님에 대한 의무를 나타낸다. 그리고 나머지 여섯 계명은 이웃에 대한 책임을 나타내는데, 그 첫 번째 부분은 부모를 공경하는 것이다. 당시 이스라엘 사회에서 인간의 가장 기본적인 의무가 바로 부모 공경이었기 때문이다.

십계명은 명문법(apodictic law)에 해당하는 것으로 대부분 "하지 말라"는 명령 형식으로 되어 있으며 "총체적이고 무조건적이며 원리적인 본질에 대한 언급"이다. 반면에 그 다음에 나오는 언약의 책은 결의법(casuistic law)에 해당하는 것으로 "구체적인 사건이나 사건의 종류에 관해 언급"이며 '만일…하면, …한 벌을 받게 될 것이다'라는 조건절과 귀결절의 형식으로 제시된다(메릴). 특히, 언약의 책은 사례법(case law)을 모아 놓은 것으로 "언약의 율법이 어떻게 삶에 적용되는지"(아놀드/베이어)를 말해주며, 그래서 그것은 "단지 실제 문제만을 다루고 있을 뿐"(웬함)이다. 그런 이유로, 십계명의 각 조항은 그 뒤에 나오는 언약의 책을 통해 더 구체적이고 상세하게 제시된다고 말할 수 있다.

시내산 언약은 "선택 받은 이스라엘이 여호와를 섬기는 백성이 되어, 타락하여 멀리 떠난 피조물에게 하나님의 구원의 은혜를 중재하는 역할을 하기 위한 도구"(메릴)이다. 하나님은 이 언약의 율법을 주실 때 이 모든 말씀을 하시면서 무엇보다도 자기 신분을 밝히고 재확인시켜주셨다. "나는 너를 애굽 땅, 종 되었던 집에서 인도하여 낸 네 하나님 여호와니라"(20:2). 그런 다음, 율법의 첫 번째 내용이자 십계명의 첫 번째 조항으로 "너는 나 외에는 다른 신들을 네게 두지 말라"(3절)를 제시하셨다. 그리고 이 첫 번째 조항의 진술을 토대로 십계명의 첫 번째 부분–하나님에 대한 의무–과 두 번째 부분–이웃에 대한 책임–이 제시된다.

뿐만 아니라 십계명에 이어 언약의 책에 들어 있는 여러 법들(laws)과 규칙들(rules)이 이어진다. 특히, 언약의 책의 마지막 부분은 불순종에 대한 경고(23:21)와 순종에 대한 성공의 약속(23:22)으로 이루어진다. 따라서 이스라엘 백성이 약속의 땅 가나안에서 하나님이 주실 복을 온전히 누리려면, 그들은 하나님의 말씀에 순종하고 율법을 충실히 지켜야 한다. 하나님의 인도를 잘 따르면 복된 삶을 살고 하나님의 인도를 거스르면 불행한 삶을 살게 될 것이다.

이스라엘이 하나님과 언약을 체결하다

출애굽기 24장은 하나님과 이스라엘 민족이 언약을 체결하는 이야기로 구성된다. 하나님은 모세에게 율법을 주신 다음에 아론과 나답과 아비후 그리고 칠십인 장로들과 함께 올라와 모세만 가까이 나아오고 그들은 멀리서 경배하게 하며 백성은 올라오지 못하도록 하셨다. 모세는 시내산을 내려와서 이스라엘 백성에게 하나님의 모든 말씀과 모든 율례를 전했다. 그러자 그들은 한 목소리로 이렇게 응답했다. "여호와께서 말씀하신 모든 것을 우리가 준행하리이다"(3절). 모세는 하나님이 하신 모든 말씀을 기록했다.

다음 날 아침, 모세는 산 아래에 하나님의 임재를 상징하는 제단을 쌓고 열두 지파를 상징하는 열두 기둥을 세웠다. 언약체결의 증거로 번제와 화목제를 드리고 제단과 사람들(기둥)에 피를 뿌렸다. 이것은 하나님과 이스라엘의 결속을 상징적으로 보여주는 것이다.

그런 다음, 모세는 언약문서의 내용을 다시 읽고 이스라엘 백성은 다시금 충성을 확인하였다(24:7). 곧이어 모세는 아론과 나답과 아비후 그리고 칠십인 장로들과 더불어 산에 올라갔는데, 놀랍게도 거기서 이스라엘의 하나님을 뵈었고 또한 거기서 먹고 마셨다.

하나님은 이스라엘 백성의 언약에 대한 응답을 받아주셨다. 하나님과 이스라엘 백성 사이에 언약이 체결된 것이다. 이 시내산 언약은 "성막, 예배의식, 그리고 정교한 율법체계, 곧 이스라엘의 미래의 설계를 제공"(아놀드/베이어)한다. 이스라엘이 하나님의 언약을 지키는 한에서, 이제 하나님은 이스라엘의 하나님이 되시고 그들은 하나님의 백성이 될 수 있게 되었다.

하나님은 이스라엘 백성을 가르치도록 십계명이 새겨진 돌판을 주시기 위해 모세를 다시 부르셨다. 이번에는 여호수아와 함께 올라갔다. 그러자 구름이 산을 엿새 동안 가렸고 일곱째 날에 하나님이 모세를 부르셨다. 모세는 구름 속으로 들어가서 산에 올라가 거기에서 사십일을 머물렀다. 하나님은 그 기간 동안 성막과 제사장 제도에 대해 자세히 설명해 주셨다.

이스라엘 백성은 드디어 하나님의 백성으로 새롭게 태어나게 되었다. 아브라함에게 주어진 하나님의 약속(창 15:13-14)이 출애굽 사건을 통해 역사적 실체로 나타나기 시작했고 시내산에서 하나님과 언약을 맺음으로써 하나님의 언약의 백성으로 세움을 받게 된 것이다. 이제 이스라엘은 하나님의 거룩한 백성으로 하나님의 말씀과 율법에 대한 순종을 통해 하나님의 구원계획을 이루어갈 책임을 부여받았다. 그들에게 절대적으로 필요한 것은 순종이었다. 하나님의 인도를 따르는 것이었다. 하나님께 순종하면, 그리고 하나님의 인도를 충실히 따르면, 하나님의 약속된 미래가 그들의 것이 될 것이다. 그들의 지도자 모세와 함께 그 미래를 확보하게 될 것이다.

9

성막, 하나님의 지상 거주지

이스라엘 자손이 하나님의 해방하시는 역사를 힘입어 애굽에서 나와 홍해를 건너 시내 광야 하나님의 산 앞에 이르게 되었다. 구십일만의 일이었다. 그들은 가나안을 향해 그곳을 떠날 때까지 약 일 년이란 기간을 거기에서 체류했다.

그들이 시내산 광야에 머무는 동안 몇 가지 특별한 일들이 있었는데, 그 중 이스라엘 백성에게 가장 중요하고 근본적인 것은 바로 하나님과 언약을 체결함으로써 하나님은 그들의 하나님이 되시고 그들은 하나님의 백성이 된 사건이었다. 그들은 하나님과의 언약을 체결함으로써 새로운 존재, 곧 하나님의 거룩한 백성으로 태어나게 되었다.

십계명과 언약궤 그리고 성막

이스라엘 백성은 하나님과 언약을 맺기 전에 자신들을 향한 하나님의 의도와 계획에 대한 말씀을 듣고 동의했고, 하나님은 모세를 통해 그들에게 십계명을 주셨는데, 그것은 돌판에 새겨져 있었다.

이스라엘 백성은 십계명이 새겨진 돌판을 받으면서 하나님의 명령에 따라 두 가지를 준비해야 했다. 하나는 언약궤를 만드는 것이었고 다른 하나는 성막을 짓는 것이었다. 그 둘은 모두 하나님의 임재와 관계가 있었다. 언약궤는 금을 입힌 나무상자(출 25:10-13)로 성막의 기물–성물–중에서 가장 중요하고 거룩한 것이었는데, 그것은 "자기 백성 가운데 거하시는 하나님의 살아 있는 임재를 상징"했다(C. Bartholomew/M. Goheen). 특히, 언약궤는 성막의 지성소에 보관되었고 하늘에 계신 하나님의 지상 보좌 역할을 했으며 그 안에는 하나님의 증거판, 곧 십계명이 새겨진 돌판과 만나 그리고 아론의 싹난 지팡이가 있었다.

하나님의 증거판–십계명이 새겨진 돌판–을 위해 언약궤가 필요했듯, 또한 그 언약궤를 둘 곳이 필요했다. 성막이었다. 출애굽기 25장-31장(18절)까지는 이 성막에 관한 부분이며, 출애굽기를 이루는 세 개의 긴 부분 중 하나이다(나머지 두 부분은 출애굽/홍해 사건과 시내산 언약이다).

성막은 언약궤를 두기 위해서 뿐만 아니라 또 다른 이유로 필요했는데, 그것은 "그 성막이 자기 백성들 사이에 하나님의 계속적인 임재를 가능케" 했기 때문이다(웬함). 성막은 일종의 이동식 성전이었다. 이스라엘 백성이 시내 광야에 머무를 때 하나님은 시내산에 거하셨다. 시내산은 하나님의 산이었다. 하나님은 그곳에서 모세를 통해 이스라엘 백성을 만나주셨다.

그러나 후에 이스라엘 백성은 하나님의 약속과 명령에 따라 그곳을 떠나야 했다. 이스라엘 백성이 가나안 땅을 향해 갈 때 하나님은 시내산에 거하실 수 없었다. 그들과 함께 가셔야 했다. 성막은 바로 하나님이 그들 중에 거하시는 성소였다(출 25:8). 하나님은 이스라엘 백성과 함께 광야 길을 걸어가셨다. 이스라엘 백성은 그 이동식 성전과 함께 하나님의 임재를 느끼면서 모세의 인도를 따라 광야 길을 걸어갔고 결국에는 약속의 땅 가나안으로 들어가게 되었다.

성막, 하나님의 임재의 자리

시인은 이렇게 노래했다. "내가 여호와께 바라는 한 가지 일 그것을 구하리니 곧 내가 내 평생에 여호와의 집에 살면서 여호와의 아름다움을 바라보며 그의 성전에서 사모하는 그것이라"(시 27:4). 시인은 하나님의 집에서 하나님의 임재를 갈망했다. 왜냐하면 성전은 하나님의 임재의 자리이기 때문이다. 그런 점에서, 분명히 "주의 궁정에서의 한 날이 다른 곳에서의 천 날보다" 낫고(시 84:10), "주의 집에 사는 자들은 복이 있"다(4절).

시인이 주의 전을 사모하는 것은 거기에는 하나님의 임재가 있기 때문이다. 그러나 그 임재의 경험은 처음에는 성전이 아닌 성막에서 비롯되었다.

'하나님의 임재'(the presence of God)라는 주제는 출애굽기 전체에 흐르는 중요한 신학사상이다(물론, 그것은 당연히 성서 전체의 주제이기도 하다. 성서는 하나님의 임재 이야기이기 때문이다). "출애굽과 시내산 언약, 율법과 성막의 목적은 하나님께서 이스라엘 가운데 나타나시도록 그것들을 예비하신 것으로 요약할 수 있다"(아놀드/베이어). 본래, 하나님의 임재 사상의 바탕은 임마누엘-"하나님이 우리와 함께 계시다"(마 1:23)-이라고 말할 수 있다. '하나님이 함께 하심'이란 주제는 족장들에게 주어진 약속의 핵심 개념이다.

하나님은 아브라함과 언약을 맺으실 때 그와 함께 하시겠다고 약속하셨는데("보라 내 언약이 네게 너와 함께 있으니 너는 여러 민족의 아버지가 될지라"[창 17:4]), 그 약속은 다른 족장들인 이삭과 야곱과 요셉에게도 주어졌다(창 26:3; 창 28:15; 창 39:2). 따라서 출애굽기에서 하나님이 이스라엘 가운데 임하신 사건은 하나님이 족장들에게 주신 약속의 성취의 연장선상에 있다고 볼 수 있다.

하나님은 이미 시내산에서 지리적 임재를 통해 이스라엘 백성과 함께 하심을 보여주셨는데, 성막은 하나님의 지리적 임재의 절정이었다. 하나님은 시내산에서 모세를 통해 이스라엘과 만나주셨듯이, 성막에서 특히 대제사장을 통해 이스라엘 백성을 만나 주실 것이다. 그래서 하나님의 임재의 자리로서의 성막은 만남의 장소였고, 하나님은 성막을 중심으로 이스라엘 가운데 거하실 것이다.

이런 점에서, 성막이 지니는 신학적 함의는 매우 뜻 깊고 중요하다. 곧 성막의 기본 의미는 "하나님의 지상 거주지"(웬함)라는 것이다. 하늘의 하나님은 실제로 성막에 좌정하시고 거하셨다. 하나님은 자신의 이 거주지를 손수 설계하셨는데(성막은 "하나님의 영감을 받은 것"[웬함]이다), 모세는 하나님이 말씀하신 그대로 따랐다.

예수님이 제자들의 요청에 따라 그들에게 가르쳐주신 기도를 통해 알 수 있듯이, 본래 하나님은 "하늘에 계신 이"(마 23:9)이시다("너희는 이렇게 기도하라 하늘에 계신 우리 아버지여"[마 6:9]). 하늘은 "주의 거룩한 처소"(신 26:15)이다. 우주만물을 지으신 하나님은 하늘에 거하신다. 그래서 하늘은 하나님이 거하시는 거주지이다. 그러나 하늘에 계신 하나님은 성막을 통해 땅에 거하시는 하나님이 되신다. 성막에는 하나님의 임재가 있었다.

이스라엘 백성은 성막에서 하나님을 만났고 하나님의 임재를 느꼈다. 하나님은 성막에서 이스라엘 백성을 만나주셨고 그들 가운데 자신의 임재를 나타내셨다. 이는 곧 임마누엘의 신앙이었다.

성막의 심층 의미를 캐내기

성막은 크게 세 곳으로 이루어졌다. 성막 뜰과 성소 그리고 지성소가 그것이다. 이것은 하나님의 산 시내산과 대응되는데, 지성소는 시내산 정상의 하나님이 임하신 거룩한 장소에 대응되고, 성소는 시내산의 중간 부분에 대응되며, 성막 뜰은 시내산 아래의 주변에 대응된다(웬함).

특히, 성막은 인간에게 완벽한 삶의 공간이었던 에덴동산을 연상시킨다. 인간이 타락하기 전에 에덴동산은 창조주 하나님과 그분의 피조물인 인간 사이의 참된 조화가 이루어진 평화로운 공간이었다. 에덴동산은 하나님의 임재 자리였고 인간이 하나님을 만나는 자리였다. 성막은 이런 관계의 회복, 곧 "인간의 타락으로 상실한 인간과 하나님 사이의 화평의 회복을 나타낸다"(웬함).

이스라엘 백성이 광야를 지나 약속의 땅 가나안에 들어갈 때까지 성막은 이스라엘과 함께 하면서 이스라엘 백성을 이끌었다. 이스라엘 백성은 성막과 함께 하면서 하나님의 임재와 함께 하심을 경험하고 느꼈다. 그러나 이스라엘 백성이 하나님의 임재의 상징이요 지상 거주지인 성막과 함께 약속의 땅 가나안에 들어가게 되었을 때, 성막은 성전으로 대치된다. 성전이 성막을 대신하여 하나님의 영광이 머무는 자리가 된 것이다. 이스라엘 백성은 오랜 기간 동안 성전에서 하나님께 제사를 드렸고 하나님을 만나게 되었다.

하지만 때가 차서 하나님이 아들을 보내셨을 때 예루살렘 성전은 참된 성전이신 예수 그리스도로 대치되게 되었다. "예수께서 대답하여 이르시되 너희가 이 성전을 헐라 내가 사흘 동안에 일으키리라"(요 2:19). 그리고 그 성전이 우리 안에 거하심으로 우리 자신이 하나님이 거하시는 전이 된다. 그래서 우리는 믿음 안에서 개인적으로 그리고 공동체적으로 하나님의 전이 된다. 우리 각자가 하나님의 개별적인 성전이고 교회는 하나님의 공동의 성전이다. 바울은 이와 관련하여 "너희는 너희가 하나님의 성전인 것과 하나님의 성령이 너희 안에 계시는 것을 알지 못하느냐"(고전 3:16)고 말했다. 그리고 예수님은 "볼지어다 내가 문 밖에 서서 두드리노니 누구든지 내 음성을 듣고 문을 열면 내가 그에게로 들어가 그와 더불어 먹고 그는 나와 더불어 먹으리라"(계 3:20)고 말씀하셨다.

한 걸음 더 나아가, 바울은 신자들의 공동의 성전 됨에 대해서 이렇게 말했다. "너희는 사도들과 선지자들의 터 위에 세우심을 입은 자라 그리스도 예수께서 친히 모퉁잇돌이 되셨느니라 그의 안에서 건물마다 서로 연결하여 주 안에서 성전이 되어 가고 너희도 성령 안에서 하나님이 거하실 처소가 되기 위하여 예수 안에서 함께 지어져 가느니라"(엡 2:20-22).

신자들의 공동체, 곧 교회는 주 안에서 함께 성전이 되어 간다. 다시 말해서, 예수 안에서 함께 지어져 감으로써 하나님이 거하실 처소가 된다. 하나님이 거하실 처소는 정확히 성막의 기본 개념이다. 우리 주 예수 그리스도를 믿음으로써 우리 자신이 본질적으로 성막과 성전이 된다.

그래서 우리는 일차적으로 다른 곳이 아닌, 바로 우리 안에서 우리 안에 거하시는 하나님을 만나고 예배한다. 그리고 그런 사람들이 함께 모여 그 가운데 여전히 임하시는 하나님을 만나고 예배한다.

따라서 신자는 하나님과 그분의 인도를 바르게 따르려면 두 가지를 늘 실천해야 한다. 하나는 하나님의 말씀을 마음에 새길 뿐만 아니라 회상하는 것이고, 다른 하나는 다른 개별적 성전들과 함께 성회로 모여 공동의 성전이 되어 하나님의 임재에 참여하는 것이다. 그럴 때 하나님은 그 가운데 임재하시면서 그들을 바른 길로 인도해 가실 것이다.

그렇다고 해서 또 하나의 하나님의 지상 거주지로서의 교회당―건물로서의 교회당―을 경시해서는 안 된다. 그것은 하나님의 성전들이 모여서 하나님의 임재를 경험하는 곳이기 때문이다. 참된 신자들은 함께 모이는 물리적 자리/공간에 함께 함으로써 자신들과 함께 하시는 하나님을 예배하고 기도하고 찬양하고 배우고 교제하고 봉사한다. 그것이 하나님의 임재를 경험하며 살아가는 사람들의 바르고 건강한 영적 삶의 모습이다.

10

말씀을 놓치면 타락한다

이스라엘 백성은 시내산에서 하나님과 언약을 체결함으로써 하나님은 그들의 하나님이 되시고 그들은 하나님의 소유가 되어 하나님의 거룩한 백성으로서의 삶을 시작하게 되었다. 그들은 이제 하나님과 함께 새로운 민족문화, 곧 신앙에 바탕을 둔 그들만의 독특한 종교/신앙문화를 형성할 수 있게 되었다.

본래 그들이 애굽에서 종살이를 할 때 그들에게는 함께 공유하고 호흡할 수 있고 그들 모두를 함께 묶어줄 수 있는 그들만의 고유하고 특별한 문화가 없었다. 이스라엘 백성은 말 그대로 "문화가 없는 백성"(고든 맥도날드)이었다. 그들에게는 단지 애굽에서 오래 동안 종살이를 하면서 얻은 노예근성과 생존욕구만 있었다. 그래서 그들의 존재의 가치는 그냥 먹고사는 것에 있었다. 배만 부르면 만족한 것이다.

때문에 그들이 하나님의 자유롭게 하시는 해방의 은혜를 힘입어 애굽에서 나와 약속의 땅을 향해 갈 때, 조금만 어려운 일을 경험하게 되면 곧바로 모세를 원망하고 하나님께 불평을 늘어놓았다. 그들의 불평의 중심에는 일차적인 필요인 배부름과 목마름을 충족 받지 못하는 것에 대한 불평이 있었다(출 16:3). 맥도날드가 적절하게 말하는 것처럼, 그들은 "인도하기에 가장 나쁜 백성"이었다.

하나님은 그런 밑바닥 인생들을 택하시고 해방시키셔서 하나님의 거룩한 백성이 될 수 있는 은혜를 베푸셨다. 이제 그들에게 더욱 필요한 것은 하나님의 백성 삼으심에 감사하면서 그 은혜에 합당하게 말씀에 순종하고 헌신하는 것이었다. 그것이 바로 그들이 하나님과 맺은 언약의 핵심 사항이었다.

우리는 황금 송아지를 숭배하리라

우리가 처음 출애굽기를 읽어갈 때 갖게 되는 일반적인 인상과 기대는 이스라엘 백성의 이야기가 진행될수록 점점 더 희망적으로 전개될 것이라는 것이다. 실제로, 그 이야기의 줄거리는 하나님의 구속적 은혜를 통한 애굽에서의 노예생활로부터의 해방, 약속의 땅 가나안을 향한 힘찬 전진, 하나님의 전능을 힘입은 홍해 사건, 시내산에서의 언약 체결, 그리고 하나님의 임재의 상징으로서의 성막 축조의 지침을 받는 것으로 전개된다. 그래서 나머지 이야기도 그들이 하나님의 사람 모세의 지도를 받으면서 전능하신 하나님의 능력을 힘입어 무난히 "약속"의 땅에 들어가 그것을 차지하게 될 것이란 기대를 갖게 된다. 어찌 보면, 이것은 당연한 것으로 여겨질 수 있는 것이다. 왜냐하면 희망의 하나님과 함께 절망 가운데 있던 이스라엘 백성은 새로운 삶의 세계로 나아갈 수 있었기 때문이다.

그러나 우리는 그 이상을 읽어가다가 출애굽기 32장에 이르면 갑자기 우리를 당혹스럽게 만드는 장면에 봉착하게 된다. 이스라엘 백성이 하나님을 배교하는 장면을 만나기 때문이다. 웬함은 출애굽기 32-34장에 나오는 황금 송아지 사건을 설명하면서 이렇게 말한다.

> 갑자기 그리고 아무런 경고도 없이 우리는 홍수 이후 하나님과 인간 사이의 가장 큰 위기에 봉착하게 된다. 홍수 때에 거의 전 인류가 죄 때문에 휩쓸려 죽었듯이, 이제 똑같은 운명이 이스라엘을 위협하고 있다. 하나님께서 어떻게 성막이 이스라엘 백성 중에 자기 임재를 상징하게 하였는지를 말씀하신 25:1-9를 모방하여(parody) 사람들은 그렇게 하나님의 임재를 상징할 만한 황금송아지를 만든다(32:1-6). 그렇게 함으로써 그들은 첫 두 계명인 "내 앞에 다른 신들을 두지 말라"와 "네 자신을 위해 새긴 형상을 만들지 말라"는 명령을 어기고 있다.

이스라엘 백성은 모세가 하나님의 부르심을 받아 시내산 꼭대기로 올라간 후에 오래도록 돌아오지 않자 점점 불안해졌다. 그래서 그들은 함께 모여 모세의 형 아론에게 자기들을 위해서 자기들을 인도할 우상을 만들라고 요구한다(출 32:1). 아론은 그들의 아내들과 자녀들의 귀에서 금 고리를 빼어 가져오게 하여 그것들로 금송아지 형상을 새겨 만들었다. 그러자 이스라엘 백성은 그것이 자신들을 애굽 땅에서 인도해 낸 자신들의 신이라고 외쳐댔다(4절). 뿐만 아니라 그 다음날을 절일로 삼고 번제와 화목제를 드리고 먹고 마시며 뛰어 놀았다(6절). 하나님은 그것을 아시고 모세를 그들에게 내려 보내시는데, 모세는 그들에게 갈 때 하나님이 돌판에 손수 쓰신 증거판 두 개(31:18; 32:16)를 들고 내려갔다.

이스라엘 백성이 하나님의 계명을 어긴 대가는 혹독했다. 그 결과로 그들에게 큰 재앙이 임한 것이다. 모세는 화가 나서 십계명이 새겨진 그 돌판을 집어 던져 깨뜨림으로써 하나님과 이스라엘 백성 사이에 맺어진 언약을 취소해 버린다. 뿐만 아니라 그 사건으로 인해 비록 하나님이 말씀하신대로 완전히 진멸되지는 않았지만 대량학살과 기근이 일어나 수천 명에 달하는 많은 사람이 죽었다.

모세가 이스라엘 백성을 위해 기도하다

창세기 18장에는 하나님이 죄악의 성 소돔과 고모라를 심판하고 멸하시는 이야기가 나온다. 하나님은 그곳을 향하여 가시다가 아브라함의 집에 들러 그의 집에서 환대를 받으시고는 그에게 소돔과 고모라에 대한 심판 계획을 말씀하셨다. 그 계획을 들은 아브라함은 그곳에 살고 있는 조카 롯을 생각하지 않을 수 없었다. 그래서 곧바로 하나님께 한 가지 요청, 곧 거의 거래수준의 요청을 한다. 의인을 악인과 함께 멸하시는 것이 부당하다고 항변하면서 그곳에서 의인 오십 명이 나오면 심판을 말아달라는 것이었다.

그러나 곧바로 의인의 숫자를 점차로 줄여가면서 요청을 하게 된다. 오십 명에서 사십 오명으로, 사십 오명에서 사십 명으로, 사십 명에서 삼십 명으로, 삼십 명에서 이십 명으로 그리고 이십 명에서 십 명으로 의인의 숫자를 낮춘 것이다. 그러나 불행하게도 소돔은 하나님의 자비를 향한 아브라함의 거듭된 요청으로 확보 받게 된 최소한의 숫자의 은혜를 입었음에도 불구하고 결국 그 십 명이 없어서 하나님에 의해 심판을 받게 되었다.

이와 비슷한 이야기가 출애굽기 32장에 나온다. 이스라엘 백성이 황금송아지를 만들어 하나님께 불순종했을 때, 하나님은 그런 그들을 진멸하시고 모세와 함께 다시 시작하실 계획을 말씀하신다. 노아시대 하나님이 모든 사람을 홍수로 심판하시고 그와 함께 다시 시작하신 것처럼 말이다. "내가 이 백성을 보니 목이 뻣뻣한 백성이로다 그런즉 내가 하는 대로 두라 내가 그들에게 진노하여 그들을 진멸하고 너를 큰 나라가 되게 하리라"(9-10절).

그때 모세는 두 가지 이유를 들어서 이스라엘에 대한 진노를 철회해 달라고 하나님께 요청한다. 하나는 만일 하나님이 이스라엘을 진멸하시면 애굽 사람들이 "여호와가 자기의 백성을 산에서 죽이고 지면에서 진멸하려는 악한 의도로 인도해 내었다"(12절)고 하나님을 조롱할 것이라는 것이었다. 다른 하나는 아브라함과 이삭과 야곱에게 주신 약속을 기억해 달라는 것이었다. 모세의 간청을 들으신 하나님은 뜻을 돌이키셔서 모세에게 말씀하신 화를 내리지 않으셨다.

모세는 산에서 내려와 하나님의 뜻대로 하나님 편에 서 있는 사람들─레위 자손들─을 통해 이스라엘 백성을 심판했다. 그런 다음, 그 이튿날 다시 하나님께 나아가서 이스라엘 백성의 죄를 사해 달라고 요청했다. 모세는 하나님께 요청할 때 이런 기도를 드렸다. "이제 그들의 죄를 사하시옵소서 그렇지 아니하시오면 원하건대 주께서 기록하신 책에서 내 이름을 지워 버려 주옵소서"(32:32). 이와 관련하여, 헨리 블랙커비(Henry Blackaby)는 이렇게 말한다. "비록 그들[이스라엘 백성]이 마땅히 멸망당할 일을 했음에도 불구하고 모세는 곁에 서서 그들이 망하는 것을 지켜보고만 있지 않았다. 그는 그들의 생명을 자신과 바꿔 달라는 거룩한 간청을 올렸던 것이다. 가슴을 찢는 이런 희생적이고 간절한 기도야말로 위대한 영적 리더의 특성이다." 하나님은 모세의 간청을 들으신 다음 그에게 자신이 말씀하신 곳으로 그들을 인도하라고 말씀하셨다(32:34; 33:1-2).

우리는 여기서 모세의 경우를 통해 지도자가 해야 할 중요한 역할 중 하나를 깨닫게 된다. 지도자는 자기를 따르는 사람들, 곧 하나님의 사람들을 위해 기도하고 간청하는 일을 해야 한다는 것이다. 블랙커비가 말하는 것처럼, "리더가 해야 할 일 중 가장 중요한 일은 단연 기도"이기 때문이다. 지도자는 기도 없이 자신의 사역을 제대로 감당할 수 없다. 그래서 지도자는 하나님과 자신의 관계를 위해서 뿐만 아니라 자신이 인도해가는 사람들을 위해서도 전심으로 기도해야 한다. 따르는 사람들을 위한 지도자의 기도는 그들의 영적 성숙뿐만 아니라 영적 바름을 위한 것이어야 한다.

블랙커비는 지도자에게 기도생활이 절대적으로 중요한 이유로 여섯 가지를 든다. 첫째, 영원한 의미를 지닌 것치고 하나님 없이 되는 일은 하나도 없기 때문이다. 둘째, 영적 리더가 되려면 성령 충만해야 하기 때문이다. 셋째, 기도의 보상으로 하나님의 지혜가 주어지기 때문이다. 넷째, 하나님이 전능하시기 때문에 기도해야 한다. 다섯째, 기도야 말로 최선의 스트레스 해결책이기 때문이다. 여섯째, 하나님은 기도를 통해 자신의 뜻을 보여주시기 때문이다.

지도자는 기도하는 사람이다. 지도자에게는 기도가 절대적으로 필요하다. 기도는 지도자의 필수적인 조건이다. 기도는 하나님에 대한 인식이요 하나님과의 관계이며 기도자의 미래이기 때문이다. 모든 그리스도인 지도자는 이것을 잊지 않아야 한다.

말씀, 신앙여정의 핵심: 말씀을 따라야 산다

시인은 이렇게 노래했다. "내가 주께 범죄하지 아니하려 하여 주의 말씀을 내 마음에 두었나이다 찬송을 받으실 주 여호와여 주의 율례들을 내게 가르치소서…내가 주의 법도들을 작은 소리로 읊조리며 주의 길들에 주의하며 주의 율례들을 즐거워하며 주의 말씀을 잊지 아니하리이다"(시 119:13-14, 15-16). 시인은 주의 말씀과 하나님을 섬기는 삶, 곧 하나님 앞에서 죄를 범하지 않고 바르게 사는 삶 사이에는 밀접한 관계가 있음을 알고 있었다. 그래서 그는 하나님의 말씀을 자신의 마음, 곧 존재의 중심에 두고 하나님을 섬기면서 이렇게 고백하기도 했다. "주의 말씀은 내 발에 등이요 내 길에 빛이니이다"(105절).

시인의 고백은 모세가 하나님께 올라가 사십일을 거하는 동안 이스라엘 백성이 황금송아지를 만들어 섬긴 사건에서 이스라엘 백성의 문제가 무엇이었는지를 정확하게 설명해준다. 그들은 하나님의 말씀을 "마음에 새기고"(신 6:6) 그것을 묵상하면서 일상 가운데 기다려야 했다. 그들이 황금송아지를 만들어 자신들을 인도할 신으로 삼은 이유는 이것이다. "우리를 위하여 우리를 인도할 신을 만들라 이 모세 곧 우리를 애굽 땅에서 인도하여 낸 사람은 어찌 되었는지 알지 못함이니라"(출 32:1).

그들은 자신들의 인간 지도자/인도자 모세의 부재를 자신들의 참된 지도자/인도자 하나님의 말씀의 확실성보다 더 중요하게 생각했다. 모세의 부재는 하나님의 부르심을 받아 말씀을 받으러 간데서 생긴 것이다. 모세의 부재는 실제로는 부재가 아니라 하나님의 임재의 연속선상에 있는 것이었다. 이스라엘 백성 가운데 모세가 부재했지만 하나님의 임재는 계속되었다. 하나님은 이스라엘 백성과 언약을 맺으실 때 모세를 통해 다음과 같이 분명하게 말씀하셨다. "너는 이스라엘 자손에게 이같이 이르라 내가 하늘로부터 너희에게 말하는 것을 너희 스스로 보았으니 너희는 나를 비겨서 은으로나 금으로나 너희를 위하여 신상을 만들지 말고"(20:22-23). 이스라엘 백성이 굳이 하나님의 형상을 만들어 스스로 하나님의 임재를 가져오지 않아도 하나님은 그들과 함께 하셨다. 그것은 하나님의 약속이었고 현실이었다. 그들은 그냥 믿기만 하면 되었다.

하나님이 보이지 않을 때 그리고 하나님의 부재를 느낄 때, 우리가 해야 할 일은 무엇인가? 그것은 우리가 받은 말씀을 존중하고 되새기면서 하루를 충실히 사는 것이다. "주의 말씀은 내 발에 등이요 내 길에 빛이니이다"라는 시인의 고백은 하나님을 섬기는 사람의 삶 전체에 적용된다. 그런 이유로, 만일 우리가 하나님을 충실하게 섬기는 신앙인이 되려면, 어느 상황에서도 우리는 분명 하나님의 말씀을 존중해야 한다.

하나님의 임재 경험은 언제나 하나님의 말씀을 바탕으로 해야 한다.

하나님의 말씀을 떠난 하나님의 임재 경험 추구는 주관적이 되기 쉽고 진리에서 떠나 자의적이 될 수 있다. 하나님의 말씀을 토대로 진리 위에 견고히 서게 되면 인생길에서 무슨 일을 만나든, 곧 하나님의 임재를 강하게 느끼든 하나님의 부재를 심하게 느끼든 그것에 상관없이 좌로나 우로나 치우치지 않고 바른 길로 갈 수 있게 된다. 하나님은 어느 상황에서도 자기 백성과 함께 하시는 주님이시며, 하나님의 말씀은 나침반과 같은 역할을 하기 때문이다.

우리가 믿음으로 인생길을 걸어갈 때 하나님의 임재를 늘 경험할 수 있는 것은 아니다. 그렇지 못한 경우도 많다. 그럴 경우에는 어떻게 해야 하는가? 곧 하나님이 보이지 않고 느껴지지 않을 때 어떻게 해야 하는가? 하나님의 말씀에 귀를 기울이고 그분의 말씀을 되새기는 것이다. 더욱이 인생의 광야를 지날 때 의존할 것은 하나님의 말씀이다. 광야는 하나님의 임재가 있는 곳임과 동시에 하나님의 부재를 느낄 수 있는 곳이다. 그럴 때 우리가 의지할 것은 하나님의 말씀이다. 그것이 "광야의 신학"이다. 이스라엘 백성이 광야에서 하나님을 떠나 타락한 것은 말씀을 붙잡지 않았기 때문이다. 광야의 신학이 없었고 바르게 형성된 신앙의 문화가 없었기 때문이다.

모세는 말씀의 사람이었다. 그의 마음과 삶에는 하나님의 말씀이 분명하게 새겨져 있었고 생생하게 살아 있었다. 그는 하나님의 말씀을 존중했다. 그는 이스라엘 백성이 황금송아지를 만들어 섬겼을 때 그들을 심판하면서 이렇게 말했다. "이스라엘의 하나님 여호와께서 이렇게 말씀하시기를…하셨느니라"(출 32:17).

모세는 하나님의 말씀으로 이스라엘 백성을 이끄는 믿음의 사람이자 지도자였다. 그래서 그는 바르고 훌륭한 지도자였다. 하나님과 그분이 세운 지도자인 모세의 인도를 받던 이스라엘 백성이 해야 할 일은 자기들의 인간 지도자 모세가 하나님의 말씀을 붙잡고 따른 것처럼 하나님의 말씀을 붙잡고 따르는 것이었다. 그들은 그렇게 하지 않아서 타락했고 심판을 받았다.

오늘날도 모세와 같이 하나님의 말씀을 존중하고 따르는 지도자와 백성이 필요하다. 세상에는 그런 지도자와 백성이 있어야 한다. 하나님은 그런 지도자와 백성을 찾고 계신다. 그리고 그런 지도자와 백성을 사용하신다. 하나님은 자신의 마음에 합한 지도자와 백성을 사용하여 자신의 계획을 이루어가시고 세상을 변화시키시기 때문이다.

다음의 블랙커비의 말은 참으로 옳다.

예수님이 제시하신 영적 리더십에서 열쇠는 리더가 자기 조직의 비전을 만들고 방향을 정하는 것이 아니다. 열쇠는 아버지가 계시하신 모든 뜻을 잘 간직하고 순종하는 것이다. 궁극적으로 리더는 하나님 아버지다. 하나님이 하시려는 일의 비전은 그분 자신에게 있다. 하나님은 리더에게 당신 대신 큰 꿈을 꾸라거나 당면한 문제를 알아서 해결하라고 하시지 않는다. 다만 당신과 친밀하게 동행할 것을 요구하신다…오늘날 기업 리더들은 고사하고 종교 리더들조차 따르고 있지 않은 성경적 리더십의 모든 것은 바로 이것이다. 리더의 말과 행동까지도 그의 것이 아니라 하나님의 것이 되도록 하나님이 그들을 인도하시는 것은 가능할까? 물론이다. 우리 생업의 현장에도 하나님이 이루기 원하시는 구체적이 뜻이 있을까? 그렇다…온 세상 그리스도인들이 이 순간 당장 자신의 뜻과 목표와 야망을 버리고 하나님이 보여주시는 것에 철저히 순종으로 반응한다면 세상은 뒤집어질 것이다.

11

영적 지도자의 조건, 하나님을 경외하기

시인은 "여호와를 경외함이 지혜의 근본이라"(시 111:10)고 노래했는데, 그것은 잠언 기자가 "여호와를 경외하는 것이 지식의 근본"(1:7)이요 "지혜의 근본"(9:10)이라고 말했을 때와 그 맥을 같이한다. 그런데 이것은 본래 하나님이 이스라엘 백성을 애굽에서 이끌어내신 이유이기도 했는데, 하나님은 모세를 부르실 때 이스라엘 백성을 애굽의 종살이에서 자유롭게 하시는 이유와 관련하여 이렇게 말씀하셨다. "네가 그 백성을 애굽에서 인도하여 낸 후에 너희가 이 산에서 하나님을 섬기리니 이것이 내가 너를 보낸 증거니라"(출 3:12).

그리고 실제로 하나님은 이스라엘 백성을 애굽에서 해방시키신 후에 이스라엘 백성이 그 산 아래에 진을 치게 되었을 때, 하나님은 모세를 산으로 부르시고는 자신에 대한 경외를 강조하셨다. 이것은 모세가 모압 평지에서 이스라엘 백성에게 설교할 때 분명하게 드러난다. "여호와께서 내게 이르시기를 나에게 백성을 모으라 내가 그들에게 내 말을 들려주어 그들이 세상에 사는 날 동안 나를 경외함을 배우게 하며 그 자녀에게 가르치게 하라"(신 4:10).

이 말씀에서 알 수 있듯이, 경외는 하나님이 자기 백성에게 명하신 것이다. 따라서 여호와를 경외하는 것은 신자의 삶의 본질적인 차원이요 본분이다.

이스라엘의 두 지도자: 모세와 아론

영적 지도자는 무엇보다도 먼저 하나님을 경외하고 하나님의 말씀에 순종하는 사람이어야 한다. 왜냐하면 위에서 언급했듯이 이스라엘 백성이 하나님께 대해 해야 할 첫 번째 본분이 바로 하나님을 경외하는 삶이라면, 하나님이 자기 백성을 위해 세우시는 지도자들은 누구보다도 그런 삶에서 모범적이어야 하기 때문이다.

영적 지도자는 하나님으로부터 기인한다. 다시 말해서, 영적 지도자는 하나님의 부르심에 근거한다. 비록 본래 인간에게는 영적 지도력이 없고 또 인간은 영적 지도자가 될 수 없는 존재이지만, 영이신 하나님과 더불어 인간에게 영적 지도력이 발생하고 또 영적 지도력의 자격을 부여받게 된다. 이런 점에서, 영적 지도자는 하나님으로부터 온다. 그것에 대한 분명한 예가 바로 모세와 아론이다.

이스라엘 역사 초기부터 이스라엘에는 두 종류의 지도자가 있었다. 하나는 정치 지도자였고, 다른 하나는 종교(제의) 지도자였다. 모세는 정치 지도자였고 아론은 종교 지도자였다. 본래 이스라엘의 지도력은 하나님의 지도력에 근거했고, 하나님은 이스라엘 백성을 해방시키시고 하나님 자신을 섬기도록 하기 위해서 모세만을 지도자로 세우셨다. 그러나 이스라엘이 언약 백성이 되었을 때, 하나님은 자신의 임재의 자리–성막–에서 자신의 말씀을 전하고 또 백성을 대변할 종교 지도자를 세우셨다. 바로 중보자로서의 제사장이다. 웬함이 말하는 것처럼, "제사장은 중보자로서 두 가지 역할을 수행"했는데, "그들은 이스라엘 앞에서 하나님을 대표하며, 하나님 앞에서 이스라엘 백성을 대표"했다. 그리고 "그들의 권위는 하나님 자신의 위엄을 자아내는 그들의 빛나는 의복으로 표현"되었다. 제사장의 권위는 하나님으로부터 기인함을 나타내는 것이었다.

제사장 제도와 임명식

레위기 8장 1절-10장 22절은 아주 길게 제사장 제도에 대해서 다루는데, 이 부분이 레위기의 중심부분이라고 말할 수 있다. 출애굽기 25-31장에는 성막 축조지침들이 나오고 35-40장에는 모세가 시내산에서 받은 지침대로 성막과 기명과 제사장의 옷을 만드는 이야기가 나오지만 정작 제사장의 임명은 이루어지지 않는다. 그것은 모세가 하나님의 부르심에 따라 시내산에 올라갔을 때 아론이 황금송아지 우상을 만들어 하나님과의 언약을 깨는 일을 주도했기 때문이다. 그러나 모세의 중보 기도로 하나님의 큰 징계를 모면하게 되고 더욱이 성막이 축조됨으로써 하나님의 계획이 다시 진행되어졌다.

출애굽기는 그러한 하나님의 거룩하고 영광스런 임재의 구름이 성막을 뒤덮는 장면으로 희망 가운데 막이 내린다. 그리고 레위기는 희생 제사에 관한 법으로 시작되는데 8장의 제사장 위임식이 거행되기까지 다양한 희생 제사를 어떻게 드려야 하는지에 대해 설명한다. 그리고 곧이어 제사장 임명식이 나온다.

처음에 아론이 제사장으로 임명되기 전에, 모세는 정치적인 문제뿐만 아니라 종교적인 문제도 다루었다. 특히, 레위기 8-10장에 나오는 제사장 위임식은 하나님과 이스라엘 언약 백성 사이의 중보자로서의 모세가 핵심적인 역할을 한다. 모세는 위임식에서 손수 제사장의 의무들을 수행했는데, 그것은 아론과 그의 아들들에게는 아직 제사장의 역할을 담당할 자격이 주어지지 않았기 때문이다.

구약에서 제사의 직무는 하나님이 세우신 제사장의 고유한 영역이었다. 그 직은 다른 사람에 의해서 남용될 수 없었다. 그렇게 되면 문제가 생겼다. 우리는 그것에 대한 예를 사울에게서 볼 수 있다. 사무엘상 13장에는 블레셋 사람들이 많은 병거와 마병 그리고 많은 사람들을 데리고 와 이스라엘과 싸우려고 믹마스에 진을 쳤을 때, 이스라엘 백성은 그것을 보고 두려워하여 은밀한 곳에 숨거나 도망하거나 떨었다. 설상가상으로, 오기로 했던 사무엘이 늦어지자 사울은 번제와 화목제물을 가져오게 하여 자신이 직접 번제를 드렸다.

바로 그때 사무엘이 도착했고 사울은 자신이 번제를 드릴 수밖에 없었음을 변명했다. 그때 사무엘은 사울에게 이렇게 말했다.

왕이 망령되이 행하였도다 왕이 왕의 하나님 여호와께서 왕에게 내리신 명령을 지키지 아니하였도다 그리하였더라면 여호와께서 이스라엘 위에 왕의 나라를 영원히 세우셨을 것이거늘 지금은 왕의 나라가 길지 못할 것이라 여호와께서 왕에게 명령하신 바를 왕이 지키지 아니하였으므로 여호와께서 그의 마음에 맞는 사람을 구하여 여호와께서 그를 그의 백성의 지도자로 삼으셨느니라.(삼상 13:13-14)

사울은 자신에게 주어지지 않은 권한을 잘못 사용하여 하나님의 명령을 어김으로써 하나님의 마음과 신뢰를 잃게 되었고 결국 왕의 자리도 잃고 말았다.

이와는 달리, 모세는 하나님의 말씀에 충실했다. 아론과 그의 아들들의 제사장 위임식에서 독특한 것은 "여호와께서 모세에게 명하심과 같았더라"(레 8:9, 13, 17, 21, 29)는 말씀이다. 이것은 모세가 회중에게 "여호와께서 행하라고 명령하신 것이 이러하니라"(8:5)고 말한 다음에, 그 명령에 따라 모두 행한 후에 나오는 말이다. 모세는 제사장 위임식과 관련하여 하나님이 자신에게 명하신 것을 그대로 행했다.

화목제물의 피가 아론의 귀와 발가락에 발라지고 나머지는 제단 위에 뿌려진 후에 아론과 그의 아들들은 모세를 통해 주어진 하나님의 명령에 따라 일주일 동안 회막문에 머물렀다. 그들은 하나님이 모세를 통해 주신 명령을 성실히 다 지켰다. 그리고 일주일 후 상황이 크게 바뀌었다. 아론이 제사장의 역할을 담당하고 이제 모세는 그 직에서 물러난 것이다. 아론은 손수 여러 가지 희생 제사를 드렸는데, 그때 하나님의 영광이 나타났고 여호와 앞에서 불이 나와 제단위의 번제물과 기름을 태웠다. 그것은 하나님이 제사장이 된 아론을 공적으로 승인하신다는 징표였다(레 9:13-24).

영적 지도자의 불충실과 그 결과

세 개의 장(레 8-10장)으로 구성된 제사장 위임식에서 첫 번째 두 장인 8장과 9장은 모세와 아론이 하나님의 명령을 충실히 지켰음을 보여준다. 그런데 10장으로 넘어가는 순간 우리는 당혹스런 장면에 직면하게 된다. 왜냐하면 아론의 두 아들 나답과 아비후가 향로에 하나님이 명령하지 않으신 다른 불을 담아서 하나님 앞에 드렸다가 하나님 앞에서 나온 불에 삼켜져 죽게 되었기 때문이다(1-2절). 우리는 그 상황에 대해 정확히 알지 못한다. 어떻게 해서 그런 일이 일어나게 되었는지 모른다(9절이 하나의 힌트가 될지도 모른다. 그 일이 있은 후에 하나님은 아론에게 직접 이렇게 말씀하셨다. "너와 네 자손들이 회막에 들어갈 때에는 포도주나 독주를 마시지 말라 그리하여 너희 죽음을 면하라 이는 너희 대대로 지킬 영영한 규례라." 물론, 이것이 그 문제에 대한 정확한 원인인지는 알지 못한다). 그러나 한 가지는 분명하다. 하나님의 제사장들(그리고 리더들)은 "하나님의 명령을 있는 그대로 따라야 하는 절대적인 의무가 있다"(웬함)는 것이다.

그러나 나답과 아비후는 하나님의 명령을 있는 그대로 따르지 않았다. 그 상황을 보면서, 하나님은 모세를 통해 아론에게 이렇게 말씀하셨다. "나는 나를 가까이 하는 자 중에서 내 거룩함을 나타내겠고 온 백성 앞에서 내 영광을 나타내리라"(3절). 아마도 그들은 하나님의 거룩하심에 합당하지 못한 행위를 했을 것이다. 그래서 하나님은 그들에게 자신의 거룩함을 나타내 보이신 것이다.

하나님은 거룩하시다. 그래서 자기 백성이 거룩하고 경건하기를 원하신다(레 11:44-45). 하나님이 자기 백성이 거룩하기를 원하신다면, 하나님께 제사를 드리고 또 하나님의 백성의 지도자들이 되는 제사장들이 거룩해야 함은 두말할 필요가 없다. 그들은 더욱 거룩에 관심을 가져야 한다.

실제로, 거룩하신 하나님은 자기 백성의 지도자들이 경건하기를 원하신다. 우리는 그러한 예를 엘리 제사장의 두 아들에게서 보게 된다.

엘리 제사장의 두 아들 홉니와 비느하스는 제사장들이었음에도 불구하고 행실이 좋지 않았고 하나님을 알지 못했다(삼상 2:12). 뿐만 아니라 하나님께 드려질 고기를 마음대로 가져감으로써 하나님의 제사를 멸시했고 그 죄가 하나님 앞에 심히 컸다. 게다가, 회막문에서 수종을 드는 여인들과 동침함으로써 하나님의 임재 자리를 음란의 장소로 만들어버렸다. 하나님은 그들을 죽이기로 하셨고 결국 그들은 블레셋 군대에게 언약궤를 빼앗기고 죽임을 당했다(삼상 4:11). 하나님은 그들을 그냥 놔두실 수 없었다. 하나님의 거룩성이 그들의 죄 많고 음란한 삶을 허용할 수 없었다.

지도력의 관점에서 보면, 그들은 하나님의 제사장으로서도 그리고 하나님의 백성의 지도자로서도 적합한 사람들이 못되었다. 무엇보다도, 그들은 하나님을 알지 못했고 그런 이유로 그들에게는 소명의식도 없었다. 이와 관련하여 볼 때, "훌륭한 리더로 준비되기 위해서는 반드시 우리를 향한 하나님의 소명에 비추어 리더십을 이해해야 한다"는 블랙커비의 말은 정확히 그들에게 적용되어야 한다.

홉니와 비느하스는 제사장들이었지만, 그들에게는 하나님에 대한 지식이 없었다. 그러기에 당연히 소명의식도 없었다. 결과적으로 하나님을 경외하는 마음도 없었다. 하나님은 그들의 아버지이자 제사장이었던 엘리에게 "나를 존중히 여기는 자를 내가 존중히 여기고 나를 멸시하는 자를 내가 경멸하리라"(삼상 2:30)고 말씀하셨다. 제사장은 하나님이 임명하여 세우신 하나님의 특별한 일꾼이었다. 그래서 그들은 더욱 하나님 앞에서 거룩하고 경건하며 충실한 삶을 사는 본을 보일 책임과 의무가 있었다. 그러나 아론의 두 아들도, 엘리의 두 아들도 그렇게 하지를 못했다.

제사장은 종교 지도자이면서 영적 지도자이다. 영적 지도자의 기본적인 조건은 세 가지, 곧 소명, 경외 그리고 순종이다. 그래서 영적 지도자는 하나님을 경외하고 그분의 말씀에 순종하면서 그분의 부르심에 충실해야 한다. 오직 그럴 때만 자신의 본분을 다하는 하나님의 참된 지도자로서의 삶을 살 수 있게 된다.

이런 점에서 보면, 모세는 진정 탁월하고 훌륭한 지도자임에 틀림없다. 그는 소명의식이 분명했고 하나님을 온전히 경외했으며 그러므로 하나님의 말씀에 철저히 순종했다. 그는 하나님이 명령하신 대로 행했다. 그는 진정 하나님의 지도자였다.

12

거룩하신 하나님을 예배합니다

바울은 로마서 12장 1절에서 이렇게 권면한다. "형제들아 내가 하나님의 모든 자비하심으로 너희를 권하노니 너희 몸을 하나님이 기뻐하시는 거룩한 산 제물로 드리라 이는 너희가 드릴 영적 예배니라." 여기서 바울은 로마에 있는 그리스도인들을 향하여 그들의 몸을 하나님께 제물로, 더욱이 "거룩한 산 제물로" 드리라고 말한다. 그것이 그들이 그리고 모든 그리스도인들이 하나님께 드릴 영적 예배라는 것이다.

여기서 우리가 주목할 필요가 있는 말 두 가지는 "거룩한"(holy)이란 말과 "영적"(spiritual)이라는 말이다. 그것들은 본래 하나님과 관계있는 말이다. 하나님은 거룩하신 하나님이다. 그리고 하나님은 영이시다. 그래서 거룩하신 하나님은 영적인 하나님이다.

이 두 단어는 우리가 앞서 살펴보았던 아론의 두 아들과 엘리 제사장의 두 아들의 문제가 무엇이었는지에 대한 단서를 제공해준다. 그들은 거룩하신 하나님을 무시하고 모욕했으며 참되게 예배하지 않았다. 그래서 하나님께 나아갈 수 없었고 하나님의 사랑을 입을 수 없었다. 하나님의 사랑은 하나님을 사랑하는 사람들이 입으며, 하나님과의 만남은 하나님을 간절히 찾는 자에게 주어진다(잠 8:17). 이것은 모든 사람-신자든, 불신자든 상관없이-에게 적용된다.

예배, 인간의 가장 근본적인 본분

전도서 기자는 자신의 가르침을 마무리하면서 "일의 결국을 다 들었으니 하나님을 경외하고 그의 명령들을 지킬지어다 이것이 모든 사람의 본분이니라"(12:13)고 권면한다. 영원히 살아계신 창조와 구원의 주 하나님을 경외하고 그분이 하신 명령을 지키는 것이 인간이 해야 할 본분, 곧 인간의 의무라는 것이다.

그런데 그 본분의 출발점, 곧 "하나님을 경외하고 그의 명령들을" 지키는 것의 출발점은 바로 예배이다. 예배는 하나님을 섬기는 삶의 토대이다. 그것은 인간이 존재하는 근본적이고 궁극적인 목적이고 이유이다. 토저(A. W. Tozer)는 이렇게 말한다.

나는 나의 영혼(soul)을 하나님의 예언자로 전하고 싶고 성서적 관점에서 왜 우리가 지음을 받았고 왜 우리가 여기에 있는지를 설명하고 싶다. 그것은 현재의 일시적인 필요를 충족시키지 못할지도 모른다. 그러나 그것은 더 크고 더 원대하고 더 영원한 것을 충족시킬 것이다. 그 성서적으로 규정된 목적은, 우리는 하나님을 예배하고 그분을 영원히 누리는 것이다.

그는 이렇게도 말한다.

> 구속에 있어서 하나님의 일차적인 목적은 하나님이 "그리하면 왕이 네 아름다움을 사모하실지라 그는 네 주인이시니 너는 그를 경배할지어다"(시 45:11)라고 다시 말씀하시는 것을 우리가 들을 수 있도록 우리를 하나님이 명하신 예배에로 다시 회복시키는 것이다…하나님은 자신을 예배하도록 당신을 지으셨다.

그런 이유로, 하나님은 이스라엘 백성을 애굽에서 해방시키려고 하실 때 그 이유를 "하나님을 섬기는 것," 곧 하나님을 예배하는 것으로 말씀하셨다. "하나님이 이르시되 내가 반드시 너[모세]와 함께 있으리라 네가 그 백성을 애굽에서 인도하여 낸 후에 너희가 이 산에서 하나님을 섬기리니(worship) 이것이 내가 너를 보낸 증거니라"(출3:12).

본질적으로 모든 인간은 자신을 지으신 창조주 하나님을 예배하는 예배자로 부르심을 받는 것처럼, 모세는 하나님으로부터 예배자로 부르심을 받았다. 그리고 그가 인도하는 이스라엘 백성도 예배자로 부르심을 받았다. 그래서 모세가 올바른 지도자가 되려면 참된 예배자가 되어야 했다. 물론, 그는 영과 진리로 하나님을 예배하는 자였다. 마찬가지로, 세상을 향한 공동의 영적 지도자로 부르심을 받은 이스라엘 백성이 세상을 향해 올바른 지도력을 발휘하려면 하나님의 거룩한 백성으로서 하나님을 예배해야 할 책임이 있었다. 그것이 바르다.

더욱이, "창조주 하나님을 예배하는 것이 피조물이 행사할 수 있는 가장 강력한 힘"(엘머 L. 타운즈)이다. 예배는 하나님의 피조물인 인간이 할 수 있는 최고로 가치 있는 것이다. 뿐만 아니라 우리는 하나님께 대한 예배를 통해 영적으로 충전을 받는다. 예배는 하나님께는 기쁨이 되고 우리에게는 능력이 된다. 이스라엘 백성이 험한 광야 길을 걸어 지나 무사히 약속의 땅 가나안으로 들어가는데 가장 중요한 것이 예배였다. 예배는 그들의 행진을 위한 동력이었고 영적 능력의 최고 원천이었다. 예배는 그들이 하나님의 생명과 희망과 능력을 얻는 통로였다.

예배의 법칙: 너는 이렇게 예배하라

예배가 이스라엘 백성의 삶에서 본질적인 차원인 것은 하나님이 그들을 예배(섬김)를 위해 해방시키시고 그들에게 예배를 명하셨기 때문이다. 예배가 하나님과 이스라엘 백성에게 본질적인 것이라는 것은 하나님이 제사장을 세우신 것에서 알 수 있다. 제사장은 예배(제사)를 위해 존재하는 사람이었다. 앞서 살펴본 것처럼, 하나님은 손수 제사장을 세우셨다(출 28:1-3).

손수 제사장을 세우신 하나님은 또한 자신에게 예물을 드리는 방법, 곧 예배하는 방법을 명하신다. 하나님은 이것을 말씀하실 때 모세를 회막으로 부르시고는 이렇게 말씀하신다. "이스라엘 자손에게 말하여 이르라 너희 중에 누구든지 여호와께 예물을 드리려거든 가축 중에서 소나 양으로 예물을 드릴지니라"(레 1:1-2). 이것을 한마디로 말하면, 너는 "이렇게," 곧 내가 원하는 방식대로 예배하라는 것이다.

자신의 "지상 거주지"인 성막을 지으라고 명령하신 하나님은 그곳에서 이스라엘 백성을 위해 자신에게 예배할 제사장들을 세우셨고 그 다음에는 예배하는 방법을 정해주셨다. 이 방법들은 예배하는 자가 드리는 희생제물이 하나님께 제대로 받아들여지는 데 필수적이었다. 하나님은 이 모든 과정을 직접 규정하셨다. 레위기 1장부터 7장까지에는 다섯 가지의 예배/제사 방법 또는 종류—번제, 소제, 화목제, 속죄제, 속건제—가 제시되고(레 1:1-6:7), 마지막 부분(6:8-7:38)은 희생 제사를 드릴 때 제사장들이 지켜야 하는 규칙들을 설명하고 있다.

예배와 관련하여 이것은 매우 중요한 의미를 지닌다. 왜냐하면 모든 예배는 하나님께 속하며 그래서 인간이 하나님을 예배할 때 자신이 원하는 대로 하는 것이 아니라 하나님이 정하고 원하시는 대로 해야 하기 때문이다. 그것이 바로 올바르고 하나님이 받으시는 예배의 특징이고 속성이다.

우리는 종종 찬양집회나 예배를 하러 모인 자리에서 찬양할 때 "주님, 이곳에 오시옵소서. 주님을 이곳에 초대합니다. 오셔서 우리 예배를 받아주소서" 등등의 말을 듣곤 한다. 찬양을 인도하는 사람들이 그렇게 말을 하곤 한다. 그러나 그것은 아주 잘못된 것이다. 왜냐하면 예배는 우리가 자리를 마련한 다음에 주인공으로 하나님을 초대하는 인간의 행위가 아니기 때문이다. 예배는 신적 행위이다. 오히려 예배는 하나님이 정하시고 모이도록 부르시는 신적 부르심에 대한 인간, 특히 신자의 응답적 실천이다. 거기에는 창조와 구속의 주 하나님과 피조물이자 구속받은 죄인인 인간 사이의 신앙적, 존재론적 만남이 있다. 거기에는 하나님과 인간의 상호적 움직임이 있다.

영적 예배의 토대: 거룩한 몸 그리고 거룩한 삶

바울은 영적 예배에 대해 말하면서 제물은 우리 몸이어야 하고 그것은 거룩하면서도 살아있어야 한다고 말한다(물론, 다음 구절인 2절에서 마음의 중요성을 말할지라도 말이다). 그러면 바울은 왜 '너희 생각이나 영혼이나 마음'이 아닌 우리 "몸을 하나님이 기뻐하시는 거룩한 산 제물"로 드리라고 하는가? 그것은 우리 영혼이 우리 존재의 중심, 곧 내적 실체라면 우리 몸은 우리 존재의 외적 실체이기 때문이다. 우리 몸은 우리의 지와 정과 의를 포함하고 영과 혼을 담고 있다. 우리의 몸이 없으면 인간의 다른 요소들이 함께 모일 수 없다. 우리 몸은 우리의 존재이며 우리 자신이다. 영혼의 감옥이 아니라 영혼의 집이다. 우리의 전인이 함께 거하는 자리이다.

위선적이게도 내면이 담기지 않는 몸만의 행위가 있을 수 있지만, 많은 경우 몸의 행위는 마음의 표현이다. 그래서 꼭 그런 것은 아니지만 많은 경우 몸은 마음을 나타내고 대표한다. 그래서 몸의 활동은 매우 중요하다.

레위기의 두 번째 부분을 구성하는 "제사장의 제도들"에 대한 장들 다음에는 부정함과 그것을 처리하는 방법 그리고 거룩함에 대한 지침들이 열일곱 장에 걸쳐 제시된다. 그 장들의 시작 장인 11장에서 정한 것과 부정한 것 그리고 먹을 생물과 먹지 못할 생물을 구분하시면서, 하나님은 그 근거로서 이렇게 말씀하셨다.

> 나는 여호와 너희의 하나님이라 내가 거룩하니 너희도 몸을 구별하여 거룩하게 하고 땅에 기는 길짐승으로 말미암아 스스로 더럽히지 말라 나는 너희의 하나님이 되려고 너희를 애굽 땅에서 인도하여 낸 여호와라 내가 거룩하니 너희도 거룩할지어다.(44-45절)

하나님은 여기서 "내가 거룩하니 너희도 몸을 구별하여 거룩하게" 하라고 명하신다. 거룩하신 하나님께 예배로, "거룩한 산 제물"로 드려질 그 백성의 몸은 거룩해야 한다는 것이다. 그래야 하나님이 받으실 수 있다는 것이다.

하나님의 거룩하신 본성 및 성품과 오늘날 우리 그리스도인들의 거룩한 삶과 관련하여, 아놀드와 베이어는 이렇게 말한다.

> 하나님께서 이스라엘에게 거룩하라 명하심은 그의 거룩하신 성품 때문이었다. 하나님께서는 당신의 본성과 상관없는 것을 우리에게 명하시지 않는다. 하나님과 이스라엘의 거룩함의 차이는 하나님의 거룩하심은 본질적인 것이고 이스라엘의 거룩함은 하나님과의 관계에서 나온다. 하나님께서는 오늘의 그리스도인들에게도 거룩한 삶을 살라고 명하신다. 그러나 우리의 거룩함은 하나님 자신의 거룩한 성품으로부터 기원한다. 그래서 우리

는 그의 성령의 도움을 통하여 하나님의 뜻에 복종하는 것을 배우며 하나님과 교제할 수 있게 된 것이다.

그들은 계속해서 말한다.

레위기 말씀을 통해 하나님께서는 그의 거룩하신 성품을 나누기를 원하신다. "너희는 거룩하라 나 여호와 너희 하나님이 거룩함이니라"(레 19:2). 이 말씀은 베드로가 그의 첫 번째 편지인 베드로전서의 초석으로 삼은 사실에서 알 수 있듯이 시간의 제한을 받지 않는다(벧전 1:15-16). 이것이야 말로 인류의 가장 위대한 소명이다. 그것이 바로 하나님을 닮아가는 것이다(마 5:48).

젖과 꿀이 흐르는 약속의 땅 가나안은 바로 그런 사람들에게 주어지는 진정 하나님의 약속의 땅이다. 이런 점에서, "하나님에 대한 가장 생명력 있고 참된 예배는 우리의 삶을 하나님의 뜻과 일치시키는 것이다"(M. Robert Mulholland, Jr.). 우리의 몸을 거룩하게 하여 드릴 때만 하나님께 받아들여질 수 있다.

거룩한 몸은 거룩한 삶을 담는다. 거룩한 삶은 거룩한 몸을 나타낸다. 거룩하신 하나님께 드려질 거룩한 예배는 우리의 거룩한 몸과 거룩한 삶이 담겨야 한다. 우리는 우리 몸을 거룩한 산 제물로 드려 거룩하신 하나님을 예배해야 한다. 왜냐하면 하나님은 거룩하신 하나님이시기 때문이다. 그것이 하나님을 섬기면서 하나님의 인도를 따라 살아가는 사람들의 마땅한 삶이다. 그것이 다른 사람들로 하여금 하나님을 따르도록 인도하는 영적 지도자의 마땅한 삶이다. 그렇게 따르는 사람들이 많아지고, 그렇게 이끄는 사람들이 많아지면 교회도 세상도 그만큼 나아질 것이다.

13

떠남과 머무름 그리고 다시 떠남: 하나님의 명령에 장단을 맞추기

아브라함이 하나님으로부터 "내가 내 언약을 나와 너 및 네 대대 후손 사이에 세워서 영원한 언약을 삼고 너와 네 후손의 하나님이 되리라 내가 너와 네 후손에게 네가 거류하는 이 땅 곧 가나안 온 땅을 주어 영원한 기업이 되게 하고 나는 그들의 하나님이 되리라"(창 17:7-8)는 약속을 받은 후, 꽤 오랜 시간이 흘렀다. 그러는 사이 그의 삼대손 요셉과 그의 후손들이 애굽에 정착하게 되었다. 그러나 그들은 애굽에 새로운 왕조가 들어선 후에 그곳에서 노예생활을 하게 되었다. 사백년 동안 고된 노예생활을 했다. 그때 하나님은 그들의 부르짖음과 아브라함과의 약속을 기억하시고 모세를 지도자로 세워 애굽에서 해방시키셨다. 이스라엘 백성은 하나님이 그곳을 떠나게 하심으로 그곳을 떠났다.

그들은 애굽을 떠난 지 삼 개월 만에 시내산에 도착하여 거기서 일 년여간 머물렀다. 그곳에서 머무는 동안, 그들은 하나님과 언약을 맺고 하나님의 거룩한 백성이 되었다. 하나님으로부터 십계명을 받았고 하나님의 명령에 따라 하나님의 임재의 상징이자 하나님의 지상거주지로서의 성막을 지었다. 아놀드와 베이어의 말을 빌려 표현하면, "역사상 전에도 지금도 이스라엘처럼 완전한 성공을 위해 필요한 모든 것을 가진 나라는 없었다."

그러나 그들은 황금송아지를 만들어 하나님을 대신해 자기들의 신으로 삼음으로써 하나님께 불순종했고 그로 인해 하나님의 징계를 받았다. 그리고 그들이 바란 광야에 이르러 하나님의 말씀에 불순종했을 때 -우리는 다음 이야기에서 그것을 다룰 것이다-다시금 하나님의 징계를 받게 되는데, 이 두 사건은 이스라엘의 광야생활에서 대표적인 실패 사례이다.

이스라엘 백성의 인구조사: 하나님의 말씀에 따라

시내산 주변에서 일 년여 동안 머물던 이스라엘 백성에게 하나님은 다시 떠나라고 말씀하신다. 하나님이 정하신 약속의 땅을 향하여 떠나라는 것이다. 시내광야는 그들이 일시적으로 머무는 곳이었지 영구적인 정착지가 아니었기 때문이다. "여호와께서 모세에게 말씀하여 이르시되 은나팔 둘을 만들되 두들겨 만들어서 그것으로 회중을 소집하며 진영을 출발하게 할 것이라"(민 10:1-2).

하나님은 이스라엘 백성에게 그곳을 떠나라고 명하시기 전에 모세에게 그들의 인구를 조사하라고 말씀하셨다. 민수기는 이스라엘이 광야 생활을 하는 동안 실시했던 두 번의 인구조사(1-4장, 26장)를 담고 있는데, 그 두 번의 인구조사는 각기 다른 목적으로 시행되었다.

첫 번째 인구조사(1-4장)는 약속의 땅을 향해 다시 여행을 시작하기 전의 준비와 같았다. 즉 머지않아 있을 가나안 정복을 위한 전쟁에 초점을 맞추어 전쟁에 참여할 수 있는 이십 세 이상의 젊은이들의 숫자를 확인하여 목록을 작성하는 것이 목적이었다.

두 번째 인구조사(26장)는 가나안을 정복한 후에 각 지파에게 얼마만큼의 땅을 나누어주어야 하는지를 결정하기 위한 것이 목적이었다. 반면에 레위지파는 계수하지 못하도록 했다. "증거의 성막과 그 모든 기구와 그 모든 부속품을 관리하게 하"기 위해서였다(민 1:50).

모세는 하나님이 자신에게 명령하신 그대로 시내광야에서 이스라엘의 인구조사를 마쳤다. "여호와께서 모세에게 명령하신 대로 그가 시내광야에서 그들을 계수하였더라"(민 1:19). "이스라엘 자손이 그대로 행하되 여호와께서 모세에게 명령하신 대로 행하였더라"(54절). 이것은 하나님의 명령에 대한 절대적 순종을 강조하고 나타낸다. 그리고 이 모든 과정에서 모세는 하나님의 명령을 전달하는 자이자 하나님의 뜻을 이행하는 자로서의 대리적 역할을 담당했다.

모세의 지도력은 하나님의 말씀에 대한 철저한 순종에 근거했다. 그것이 그의 지도력의 가장 큰 특징이었다. 순종이 없는 영적 지도력은 없다. 그리고 하나님의 말씀에 대한 순종은 또한 이스라엘 전 백성이 실천해야 하는 것이었다. 왜냐하면 하나님의 백성으로 산다는 것은 자기 맘과 뜻대로 사는 것이 아니라 하나님의 말씀과 뜻에 따라 사는 것이기 때문이다.

오늘날 교회가 영적으로 약해지고 세상 가운데서 힘을 잃어가는 이유 중 하나는 교회 안에서 하나님의 말씀이 외면당하기 때문일 것이다. 하나님을 사랑하는 첫 번째 길은 하나님의 말씀을 사랑하는 것이다. 하나님의 말씀의 권위를 존중하는 것이다. 하나님의 말씀을 지키는 것이다. 교회의 생명력은 하나님의 말씀에 있다. 교회가 하나님의 말씀에 의해 강하게 영향을 받을 때, 교회는 하나님의 생명력이 넘치고 영적으로 강하게 될 것이다. 우리는 모세와 이스라엘 백성을 통해 그러한 사실을 확인받게 된다.

이스라엘이 다시 길을 나서다

이제 이스라엘 백성은 하나님의 명령에 따라 다시 길을 나섰다. 하나님이 주신 약속의 땅을 향한 여행을 다시 시작한 것이다. "둘째 해 둘째 달 스무날에 구름이 증거의 성막에서 떠오르매 이스라엘 자손이 시내 광야에서 출발하여 자기 길을 가더니 바란 광야에 구름이 머무니라 이와 같이 그들이 여호와께서 모세에게 명령하신 것을 따라 행진하기를 시작하였는데"(민 10:11-13).

여행의 출발은 매우 희망적이었다. 이스라엘 백성은 하나님이 모세를 통해 주신 말씀에 순종하여 길을 나섰다. 하나님은 자신의 말씀에 온전히 순종한 이스라엘을 보시고는 자신이 그들과 함께 하심을 나타내는 징표를 주셨는데, 그들 가운데 여호와의 구름이 떠올랐고 그들의 진영 위를 덮었다("둘째 해 둘째 달 스무날에 구름이 증거의 성막에서 떠오르매"[민 10:11]; "그들이 진영을 떠날 때에 낮에는 여호와의 구름이 그 위에 덮였었더라"[민 10:34]).

그러나 이러한 희망찬 진행은 이내 어려움에 처하고 말았다. 이스라엘 민족이 다시 불평을 하기 시작했기 때문이다. 그러나 이스라엘 민족의 불평은 새로운 것이 아니었다. 그들의 불평은 "오경 여행 기사의 전형적인 특징"(웬함)이라고 할 수 있다. 이번 여정에서 그들은 세 가지를 불평했다(민 11:1-12:16, 이 단락에서의 불평은 이스라엘 백성이 홍해에서 시내산까지의 여정을 해 가면서 했던 불평과 병행을 이룬다. 주제와 등장인물들이 같기 때문이다[웬함]).

첫째, 여행의 어려움으로 인해 이스라엘이 불평을 했고 하나님은 불로 그들의 진영 끝을 불사르셨다. 그러자 모세가 그들을 대신하여 기도했고 하나님이 응답하심으로 불이 꺼졌다.

둘째, 이스라엘 백성은 먹을 것으로 인해 불평했다. 만나를 먹고서는 힘이 나질 않으니 고기를 달라는 것이었다. 하나님은 그들에게 바다에서부터 메추라기를 몰아 내리게 하심으로써 그들은 종일토록 메추라기를 모으게 되었다(민 11:31). 그러나 하나님은 이스라엘 백성에게 진노하시고 큰 재앙으로 치셨다. 그들의 불평에 대해 심판하신 것이다.

셋째, 미리암과 아론은 모세의 지도력에 대해 불평했다. 모세가 구스 여인을 취한 것으로 인해 모세를 비방한 것이다. 그때 하나님은 모세를 변호하시면서 그들을 향해 진노하시고 미리암으로 하여금 나병[한센병]에 걸리게 하셨다. 모세는 아론의 요청에 따라 미리암을 고쳐달라고 하나님께 기도했다. 하나님은 미리암으로 하여금 이틀 동안 진영 밖에 머물게 하심으로써 고쳐주셨다.

이스라엘 백성은 모세의 인도를 따라 약속의 땅을 향해 진행해 가다가 바란 광야에 진을 쳤다(민 12:16).

하나님의 모세 평가

모세가 구스 여인을 아내로 맞이한 것으로 인해 아론과 미리암이 모세를 비방했을 때, 하나님은 모세와 아론과 미리암을 회막으로 부르셨다. 그리고 하나님은 구름 기둥 가운데에서 강림하시면서 아론과 미리암을 따로 불러 세우셨다. 그런 다음, 모세에 대해 말씀하셨다.

하나님이 모세에 대해 말씀하시기 전에 민수기 12장 3절은 이렇게 말한다. "이 사람 모세는 온유함(humble)이 지면의 모든 사람보다 더하더라." 모세는 온유한 사람, 곧 겸손한 사람이었다. 정말로 그는 겸손한 사람이었다. 물론, 본래는 그렇지 않았지만 광야에서 오랫동안 하나님께 훈련을 받음으로써 겸손한 사람으로 변화를 받았다. 광야의 시간이 만든 하나님의 사람이다. 광야는 분명 인간을 겸손하고 부드럽고 온화하게 만든다. 성격과 성품의 모난 각들을 세심하고 정교하게 다듬어 빛나는 인격으로 바꾸어 놓는다. 그것이 광야의 힘이요 기술이다. 그래서 광야에는 고독과 단절과 단련이 있지만 그것은 변화의 열매를 가져다준다. 모세가 그 전형적인 예다.

하나님은 온유하고 겸손한 사람 모세에 대해 이렇게 말씀하신다. 아니, 변호하신다.

첫째, 모세는 "내 온 집에 충성"한 사람이다(민 12:7). 곧 그는 충실하다는 것이다. 둘째, 모세는 "내가 대면하여 명백히 말하고 은밀한 말로 하지" 않는 사람이다(민 12:8). 곧 그는 하나님과 얼굴과 얼굴을 대하여 말할 정도로 친밀한 사람이라는 것이다. 그는 맨 처음 양치기로 호렙산에서 부르심을 받을 때 직접 하나님의 말씀을 들었다. 그리고 셋째, 모세는 "여호와의 형상을" 보는 사람이다(민 12:8). 곧 모세는 하나님을 본 사람이라는 것이다. 그는 시내산 정상에서 십계명을 받을 때 하나님을 만났다. 그래서 그는 위의 두 번째의 말씀과 같이 "여호와께서 대면하여 아시던 자"(신 34:10)라는 평가를 받는다.

모세는 하나님의 사람이다. 하나님의 인정을 받은 훌륭한 영적 지도자다. 그는 충실한 사람이었고 하나님의 음성을 직접 들었으며 하나님의 모습을 본 사람이다. 충실은 참된 지도자와 신자의 기본 덕목이다. 게다가 하나님의 음성을 듣고 그분의 모습을 보는 것은 더할 나위없는 은혜이다. 그런 점에서, 모세는 두 가지 모두를 충족시키는 최고의 지도자였다.

이스라엘 백성에게는 그런 그가 있었기에 여러 가지 어려운 상황 속에서도 포기하지 않고 약속의 땅을 향하여 갈 수 있었다. 그래서 이스라엘 백성은 행복한 사람들이었다. 두 가지 이유 때문이다. 그들은 하나님의 구원을 크게 입었기 때문이고 동시에 탁월한 영적 지도자 모세의 인도를 받을 수 있었기 때문이다. 모세와 같은 지도자가 있는 공동체는 행복하고 복되다. 그래서 우리는 모세가 이스라엘 백성을 향해 "이스라엘이여 너는 행복한 사람이로다 여호와의 구원을 너 같이 얻은 백성이 누구냐"(

신 33:29)라고 말했던 것처럼, 우리도 이렇게 말할 수 있을 것이다. "이스라엘이여 너는 진정 행복한 사람이로다" 하나님의 사람 모세의 인도를 "너 같이 얻은 백성이 누구냐."

14

절대 믿음: 하나님의 약속을 신뢰하라

이스라엘 백성은 하나님의 명령에 따라 모세의 인도를 받으며 시내산을 떠나 바란 광야 가데스 바네아에 이르러 거기서 진을 치게 되었다(민 12:16). 여러 가지 어려움과 하나님 앞에서 불충실한 모습들이 있었지만, 그러한 우여곡절 속에서도 하나님의 은혜와 돌보심을 힘입어 가나안으로 가는 여정의 또 하나의 중간 지점에 이르렀다. 그곳은 가나안의 남쪽 경계였고, 이변이 없는 한에서 그들은 하나님의 약속대로 무난히 약속의 땅에 들어갈 수 있게 될 것이다. 왜냐하면 하나님의 약속은 어떤 상황에서도 확실하게 이루어져왔고 또 앞으로도 이루질 것이 분명하기 때문이다.

열두 정탐꾼들이 가나안 땅을 정탐하다

이스라엘 백성이 바란 광야 가데스 바네아에 이르러 그곳에 진을 쳤을 때, 하나님은 모세를 부르셔서 가나안 땅을 정탐할 사람들을 뽑으라고 말씀하셨다(민 13:1). 하나님은 모세에게 말씀하실 때 각 지파에서 대표자 한 사람씩을 뽑아 열두 명을 따로 세우라고 하셨고, 모세는 언제나 그랬던 것처럼 하나님이 명하신 대로 각 지파에서 대표자 한 사람씩 열두 명을 뽑아 그들로 하여금 가나안 땅을 정탐하도록 그곳으로 보냈다.

그들은 사십 일 동안 가나안 땅을 정탐한 후에 이스라엘 백성이 있는 가데스 바네아로 무사히 돌아왔다. 그리고 모세와 아론과 이스라엘 백성 앞에서 각각 자신들이 보고 경험하고 느낀 것을 보고했다. 그들이 본 가나안 땅은 과연 하나님이 말씀하신 것처럼 젖과 꿀이 흐르는 땅, 곧 비옥하고 먹을 것이 풍부한 곳이었다. 그들은 모세가 명한 데로 그곳에서 가져온 실과를 보이면서 그렇게 말했다.

문제는 그 다음이었다. 그들은 그곳에 사는 사람들이 아주 강하되 자신들보다 강하고 그곳의 성읍은 견고할 뿐만 아니라 크고 각 지역마다 사람들이 모두 살고 있어서 그곳에 들어가 정복하는 것이 사실상 불가능함을 말했다. 사실이 그랬다. 그들은 현실을 바로 보았다. 그러나 곧바로 갈렙이 그 말을 막고 나섰다. 그는 동요하려는 이스라엘 백성을 조용하게 하고서 말을 이어갔다. 직면해야 할 현실이 그렇더라도 그 현실보다 더 큰 현실-모든 현실을 있게 하신 본래적인 실재로서의 현실-인 하나님이 함께 하시기 때문에 그들을 대적해서 능히 이길 수 있으니 곧 바로 올라가서 그곳을 취하자는 것이었다.

그러나 열 명의 다른 정탐꾼들은 곧바로 그곳의 사람들은 거인 같고 자신들은 메뚜기 같다고 말하면서 그 땅에 들어가 취하는 것이 불가능함을 다시금 말했다. 그로 인해 이스라엘 백성은 소리 높여 부르짖고 밤새 통곡했다. 모세와 아론을 원망할 뿐만 아니라 하나님까지도 원망하면서 다른 지도자를 세워 다시금 애굽으로 돌아갈 생각까지 했다. 하나님이 자신들에게 주신 약속과 그 약속을 이루시기 위해 모세를 지도자로 세워 지금까지 인도하신 하나님의 능력과 역사를 모두 부정하려고 했다.

그때 하나님의 사람 여호수아와 갈렙은 자신들의 옷을 찢으면서 이렇게 말했다.

> 우리가 두루 다니며 정탐한 땅은 심히 아름다운 땅이라 여호와께서 우리를 기뻐하시면 우리를 그 땅으로 인도하여 들이시고 그 땅을 우리에게 주시리라 이는 과연 젖과 꿀이 흐르는 땅이니라 다만 여호와를 거역하지는 말라 또 그 땅 백성을 두려워하지 말라 그들은 우리의 먹이라 그들의 보호자는 그들에게서 떠났고 여호와는 우리와 함께 하시느니라 그들을 두려워하지 말라.(민 14:7-9)

하지만 그들은 도무지 그 두 사람의 말에 귀를 기울이려 하지 않고 오히려 돌로 치려했고 그때 여호와의 영광이 회막에서 이스라엘 백성에게 나타났다.

이스라엘의 불신앙과 광야에서의 40년 세월

하나님은 아브라함을 부르시고 그에게 자신의 약속을 주실 때 젖과 꿀이 흐르는 땅인 가나안을 자신의 구속 역사를 새롭게 시작할 곳으로 이미 정하셨다. "나는 이 땅을 네게 주어 소유를 삼게 하려고 너를 갈대아인의 우르에서 이끌어 낸 여호와니라"(창 15:7). 아브라함의 소명은 그러한 계획안에서 이루어진 것이고, 그래서 하나님의 말씀대로 장차 밤하늘의 별과 바다의 모래알 같이 많게 될 그의 후손들은 하나님의 백성이 되어 그곳에서 세상을 향한 하나님의 계획의 중심이 될 것이다. 그것이 하나님의 의도였고 계획이었다.

이런 점에서, 출애굽은 그것의 구체적인 시작이었고, 광야 길은 그 계획의 성취를 향한 단기간의 여정이었다. 그래서 머지않아 그들은 하나님의 계획안에서 그 약속의 땅에 들어가 살게 될 것이다. 놀랍게도, 이스라엘 백성은 그러한 꿈의 실현을 바로 눈앞에 두고 있었다.

그런데 갑자기 그런 꿈의 실현이 어렵게 되었다. 이스라엘 백성이 하나님의 약속과 능력을 신뢰하지 않을 뿐만 아니라 하나님을 믿지 않고 멸시했기 때문이다(민 14:23). 정탐꾼들이 가나안땅을 정탐한 후에 이스라엘 백성에게로 돌아와 그곳에 들어가 정복하는 것이 불가능하다는 말을 하고 또 이스라엘 백성이 그것에 동조하여 다시금 애굽으로 돌아가자고 했을 때, 그들은 큰 위기에 처하게 되었다. 왜냐하면 그 사건으로 인해 하나님은 이스라엘을 모두 쳐서 진멸하신 다음 모세와 함께 다시금 "크고 강한 나라"를 만들기를 원하셨기 때문이다.

그러나 모세는 그 상황에서 다시금 하나님 앞에 무릎을 꿇고 중보

기도를 드린다. "주의 인자의 관대하심을 따라 이 백성의 죄악을 사하시되 애굽에서부터 지금까지 이 백성을 사하신 것 같이 사하시옵소서"(민 14:19). 하나님의 종이요 이스라엘 민족의 지도자로서의 모세는 이스라엘이 하나님께 불순종하여 위기에 처할 때마다 하나님 앞에 무릎을 꿇었다. 하나님의 은혜와 자비를 구하기 위해서였다. 그리고 응답을 받았다. 모세는 참으로 훌륭한 지도자이다. 그에게는 자신이 인도하는 사람들에 대한 사랑과 책임감이 있었다. 영적 지도자는 그래야 한다.

이번에도 하나님은 모세의 기도를 들으시고 진노를 거두시고 그들을 용서하신다. "내가 네 말대로 사하노라"(20절). 하지만 하나님의 벌을 피할 수는 없었다. 이때의 하나님의 용서는 죄에 대한 온전한 면제가 아니라 경감이었기 때문이다. 하나님의 약속을 불신하고 그 땅에 대해 악평한 사람들은 재앙으로 죽었다. 그리고 그 땅에서 죽기를 바랐던 사람들 곧 출애굽 1세대들은 광야에서 소멸되어 죽게 될 것이라는 말씀을 들었는데, 실제로 그들은 하나님의 말씀대로 모두 소멸되어 죽게 되었다.

뿐만 아니라 그들의 자녀들, 곧 출애굽 2세대들도 부모들이 반역한 죄를 지고서 사십년을 광야에서 방황하게 되었다. 그들이 정탐한 날 수인 사십일을 하루를 일 년으로 하여 사십년간 그들의 죄악을 담당하게 하신 것이다(34절). 그리고 그들은 광야를 유랑하면서 자신들이 저지른 잘못을 돌아보면서 뉘우침을 얻게 된다.

이스라엘 백성이 더 나빴던 것은 그들이 하나님의 심판을 되돌리려 했다는 것이다. 그들은 하나님의 심판에 대한 이야기를 들었을 때 하나님 앞에서 죄를 깨닫고 자복하고 자중하기보다는 그들 스스로 가나안땅을 정복할 수 있다고 생각했다. 모세는 하나님이 그들과 함께 하지 않으시니 올라가지 말라고 만류했으나(하나님은 모세를 통해 "아말렉인과 가나안인이 골짜기에 거주하나니 너희는 내일 돌이켜 홍해 길을 따라 광야로 들어갈지나라"[25절]고 분명하게 말씀하셨다), 그들은 모세의 말을 듣지 않고 산꼭대기로 올라가 자신들의 맘대로 행동했다(41-44절). 이런 점에서, "민수기 14장은 이스라엘의 불순종의 문학적인 절정이다. 이스라엘 백성은 아주 위험한 상황에서도 모세로부터 하나님의 말씀을 듣는 것을 거부했던 것이다"(아놀드/베이어). 그 결과는 그들이 아말렉 족속에게 대패하고 또 호르마에서 가나안족들에게도 패하는 것이었다. 하나님이 함께 하시지 않는 전쟁은 패한다.

민수기 15-20장은 이스라엘 백성이 하나님의 심판에 따라 광야를 사십년간 방황하는 것을 묘사한다. 그들은 아마도 바란 광야에 있었을 것이다. 애석하게도, 민수기는 이스라엘 백성이 광야에서 보내는 동안 일어난 사건들에 대해 자세히 언급하지 않으며 또한 그곳에서의 일정에 대한 구체적인 언급도 하지 않는다.

열과 둘: 믿음은 보이는 것에 있지 않다

히브리서 저자가 말하는 것처럼, "믿음은 바라는 것들의 실상이요 보이지 않는 것들의 증거"이다(히 11:1). 다른 한편으로, 믿음은 또한 들은 것-약속을 기대하는 것이요 보이는 것-현실-너머를 보는 것이다. 이 점에서 열 명의 정탐꾼들(그리고 이스라엘 백성)은 믿음이 없었다. 그들은 하나님의 말씀-약속-의 성취를 기대하지 않았고 자신들이 보는 것-현실-너머를 보지 못했다. 자기들의 인식과 시야에 갇혀 버렸다.

반면에 갈렙과 여호수아는 완전히 달랐다. 그들은 하나님의 약속을 기대했고 자신들이 보는 것 너머를 볼 수 있었다. 그들은 믿음의 본질을 정확하게 인지했다. 그들은 한 지파의 대표로 인정을 받아 자기 지파를 이끌어가고 또 이스라엘을 이끌어갈 지도자로서의 자격이 충분히 있었다.

구약학자 월터 브루그만(Walter Brueggemann)은 이 두 이야기를 가지고 하나님을 믿는 참된 믿음의 성격에 대해서 말한다. 그는 이렇게 말한다.

> 이스라엘은 그들이 안전한 노예상태를 거부한 직후부터 땅 없음의 운명 속에 놓여 있음을 발견하였다…민수기 14장은 두 이야기의 경쟁적인 주제들에 직면하는 것에 관한 일련의 표상들을 연속해서 빠른 속도로 보여주고 있다. 그 하나는 추방의 느낌과 관련된 것으로서 불평과 이집트 복귀 및 불신앙 등을 그 특징으로 가지고 있다. 다른 하나는 희망의 역사에 속하는 것으로서 야웨의 약속들을 신뢰하면서 부족과 결핍을 참아나가는 가운데 자신의 역사가 새롭고 훌륭한 땅으로 나아가고 있음을 확신하고 있다.

그는 이어서 이렇게도 말한다.

> 이 이야기는 안전한 노예 상태로 되돌아가려는 열망에서 비롯

되고 있는데, 그 열망은 항상 땅에 속해 있으려고 하면서도 실제적으로는 땅 없음에 귀결되고 있는 태도를 잘 반영하고 있다…한편 모세와 아론, 특히 여호수아와 갈렙은 이러한 불평에 반대되는 주제를 대변하고 있다. 옛 역사가 불평으로 나아가는 반면에 새 역사는 회개로 나아간다. "여호수아와 갈렙이 그 옷을 찢고"(6절). 새 역사를 대표하는 이들은 이집트나 이집트 복귀에 대해서 말하지 않는다. 왜냐하면 그들은 오로지 약속된 땅만을 지향하고 있기 때문이다. 그들은 이스라엘이 겪을지도 모르는 곤경에 대해서 말하지 않고 오직 하나님께서 약속하신 땅의 부요함에 대해서만 말한다.

열 명의 정탐꾼과 출애굽 1세대들은 하나님이 약속하신 가나안 땅으로 들어가 살 자격이 없었다. 왜냐하면 그 땅은 장차 "여호와께서 자기 백성과 함께 거하시는 곳으로서…바로 이곳에서 그의 주권은 특별히 택한 백성들을 통해 역사적으로 드러나게 될 것"(메릴)이기 때문이다. 그래서 거기에 들어가려면, 하나님과 그분의 말씀을 온전히 신뢰하고 하나님이 주실 미래, 곧 그곳에서 이루어질 하나님의 미래를 볼 수 있는 믿음이 필요했다. 그 믿음이 여호수아와 갈렙에게는 있었지만 다른 정탐꾼들과 이스라엘 백성에게는 없었다. 그들은 옛 역사에 묶여 있어서 새 역사를 품을 수 없었다. 그것이 바로 여호수아와 갈렙 그리고 출애굽 2세대들만 가나안 땅에 들어가게 된 이유이다. 하나님은 그들과 함께 자신의 새 역사를 이루어 가실 것이다.

믿음은 신뢰다. 철저히 믿는 것이다. 하나님의 목소리를 청종하는 것이다(민 14:22). 그리고 하나님이 말씀하신 대로 그대로 행하는 것이다.

하나님이 인도하시는 대로 따라 가는 것이다. 하나님의 미래를 품으려면 하나님에 대한 '절대 믿음'이 필요하다. 그런 믿음은 상황에 상관없이 빛을 발한다. 왜냐하면 그 믿음의 한복판에는 그 믿음을 있게 하시는 하나님이 계시기 때문이다.

15

완전한 지도자 그리고 완전한 따름:
불가능한 가능성

　이스라엘 백성은 하나님의 계획과 능력을 전적으로 신뢰하지 못하고 자기들의 인간 지도자 모세와 하나님을 거역한 이유로 40년간 광야에서 방황하게 되었다. 적지 않은 수의 사람들이 그 오랜 기간 동안 일정한 지역에서 맴돌며 소망 없이 죽음을 기다리며 사는 일은 참으로 힘든 일이었을 것이다.

　그러는 사이 출애굽 1세대들은 하나님이 말씀하신대로 자신들의 기운이 소진되어 하나둘씩 사막에서 사라져갔을 것이다(그들의 마지막 주자 중 한 사람인 대제사장 아론은 이스라엘 백성이 세 번째 이동-가데스 바네아에서 모압 평지로의 이동-을 하던 중에 죽게 된다[민 20:28]). 어쩌면 몸은 고되고 고통스러워도 그들이 광야생활에서 불평하듯이 안정된 삶을 제공해주던 애굽을 동경하면서, 그리고 계속해서 불평하면서 사막의 모래알들처럼 세월의 바람결에 흩어져 날리며 세월의 뒤안길로 아주 허무하게 멀어져 갔을 것이다.

이스라엘 백성의 삶, 광야의 실존: 두 땅 사이에는 있는 땅에서

이스라엘 백성이 광야를 지날 때, 그들은 두 땅, 곧 애굽 땅과 가나안 땅 사이에 있었다. 애굽 땅은 그들이 "떠나 온" 땅이었고, 가나안 땅은 그들이 "가야 할" 땅이었다. 그리고 그 두 땅 사이에는 또 하나의 땅, 곧 광야 땅이 있었다. 이스라엘 백성은 두 땅 사이에 있는 그 땅에 있었다. 거주민으로서가 아니라 행인과 나그네와 같이 목적지를 향해 가는 과정에서 잠시 머무는 체류자로서 행진하고 있었다.

거기에서 그들은 두 마음이 교차했다. 하나는 애굽에 대한 "회상"의 마음이고, 다른 하나는 가나안에 대한 "전망"의 마음이었다. 그러나 현실적으로는 애굽에 대한 회상의 마음이 더 컸다. 왜냐하면 애굽은 이미 경험으로 알고 있는 땅이었지만 가나안은 아직 경험해 보지 못한 미지의 땅이었기 때문이다. 그래서 거기에서 이스라엘 백성은 자신들이 떠나온 땅인 애굽 땅에 대한 또렷한 기억과 간절한 회귀의 바람을 가지고 있었고, 하나님은 그런 이스라엘 백성에게 끊임없이 자신이 주신 약속의 땅, 곧 그들이 가야 할 땅에 대한 비전을 주시면서 그곳을 바라보게 하셨다 (하나님은 모세와 이스라엘 백성에게 가나안 땅에 대해 말씀하실 때 "내가 주어 살게 할 땅"[민 15:2]이라고 분명하게 말씀하셨고 더 나아가서는 "내가 이스라엘 자손에게 준 땅"[민 27:12]이라고 말씀하시기도 했다).

이스라엘 백성은 애굽에 있을 때 그 땅을 다스리는 자, 곧 바로가 노동의 대가로 주는 양식을 먹고 살았다. 그리고 그들이 가나안으로 들어가면 자기들이 손수 노동으로 경작하여 생산할 양식을 먹게 될 것이다. 그것은 분명 쉬운 일이 아닐 것이다. 애굽에서의 노예생활보다는 쉽겠지만 양식을 내는 일은 또 하나의 노동이다. 아담과 하와가 하나님 앞에서 죄를 범했을 때, 하나님은 아담을 향해 "땅은 너로 말미암아 저주를 받고 너는 네 평생에 수고하여야 그 소산을 먹으리라"(창 3:17)고 말씀하신 것처럼, 그들은 "얼굴에 땀을 흘려야 먹을 것을" 얻게 될 것이다(19절).

그러나 광야에서는 달랐다. 그들은 바로로부터 양식을 얻을 수가 없었다. 그리고 그들 스스로 만들어 낼 수도 없었다. 하지만 그들이 그러한 진퇴양난의 상황에서 굶주리게 되었을 때 하늘로부터 양식을 얻게 되었다. 하나님이 하늘로부터 양식, 곧 만나를 주셨기 때문이다. 하나님은 그들이 약속의 땅에 이를 때까지 그 양식을 공급해 주셨다. 이것이 이스라엘이 광야에서 살아갈 수 있는 생존 방법이었다. 그런 이유로, 이스라엘 백성은 그러한 사실을 배우고 가슴에 새길 필요가 있었다. 그러나 불행하게도 그들은 그러한 사실을 제대로 알지 못했다. 쉽사리 망각했다.

분명 광야의 삶은 힘들다. 거기는 삶을 위한, 더 정확히 말하면 생존을 위한 최소한의 필수품도 없는 곳이다. 그래서 광야에서 살아가는 것은 어렵고 힘든 일임에 틀림이 없다. 어쩌면 그곳에서는 생존이 삶의 최대 과제일지도 모른다. 그런 점에서, 비록 하나님이 보시기에 좋지 않았을지라도, 이스라엘 백성의 불평은 어느 정도 이해가 간다. 그래서 하나님도 그들이 목마름에 지쳐 불평할 때 물을 주심으로써 해갈시켜 주셨고, 배고픔에 허덕이며 불평할 때는 만나와 메추라기를 공급해 주심으로써 그들의 주린 배를 채워주셨다.

다른 한편으로, 광야는 이스라엘 백성이 하나님의 말씀에 따라 출애굽을 할 때 생각했던 젖과 꿀이 흐르는 땅이 아니었다. 브루그만이 적절하게 말하는 것처럼, "광야 유랑은 이스라엘에게 있어서 하나의 놀라움이었다. 그것은 출애굽의 약속과는 다른 것이었다…확실히 그들이 경험한 일들은 하나님의 약속에 미치지 못하는 것들이었다."

그들은 아마도 애굽을 나오면 곧바로 자신들이 갈구하던 안정된 삶의 공간으로서의 약속의 땅이 기다리고 있을 것이라고 생각했을 것이다. 그러나 현실은 그렇지가 않았다. 출애굽과 약속의 땅 사이에는 그들이 몸소 부딪쳐 지나야 하는 현실로서의 광야가 있었고 그 광야생활은 실질적으로 애굽에서 노예로 살던 때보다 못한 것이었다. 그래서 그들은 경험해보지 못한 약속의 땅 가나안에서의 삶보다는 경험을 통해 잘 알고 있던 곳, 곧 괴로움과 고통이 있긴 하지만 그래도 기본적인 욕구충족이 가능한 애굽으로 돌아가고 싶어 했다.

그러나 그들은 이미 광야에 있었고 돌아갈 수가 없었다. 그들에게는 하나님과 맺은 언약이 있었고, 게다가 그들이 애굽으로 돌아간다고 해도 다시금 안정된 삶을 보장받을 수가 없었다. 설사 돌아간다고 해도 더 큰 고통이 그들의 삶을 짓누를 것이 분명했다. 애굽의 통치자 바로가 분을 이기지 못하고 그들을 더욱 포악스럽게 다룰 것이 뻔했기 때문이다.

그러면 이런 상황에서 이스라엘이 바라고 기댈 것은 무엇인가? 신실하신 하나님의 약속과 말씀이었다. 하나님의 함께 하심과 임재였다. 하나님의 약속과 말씀 그리고 함께 하심과 임재는 그들이 자신들의 귀로 듣고 눈으로 보고 몸으로 경험한 것이었다. 그것은 그들에게 현실이었고 실제였다. 그들은 실제로 모든 것이 부족한 광야에서 하나님으로 인해 '부족함이 없는' 생활을 했다. 그들에게 필요한 것이 있다면, 그것은 바로 하나님의 약속에 의지하여 온전히 그분을 따르는 것이었다. 이스라엘의 미래는 오직 역사의 주이신 하나님의 손에 달려 있었기 때문이다.

그러나 이스라엘 백성은 어려운 상황에 처하면 다시금 이것을 쉽사리 잊어버렸다. 능력의 하나님보다 현실을 더 크게 인식했기 때문이다. 그들은 하나님께 불순종한 징벌로 40년간 광야를 방황하면서도 계속해서 하나님께 충실하지 못한 모습을 보였다.

하나님께 반역을 계속하다

이스라엘 백성은 하나님의 징계를 받아 광야에서 배회하며 살아가면서도 하나님께 불순종하는 일을 그치지 않았다. 그들이 불평하고 원망할 때는 늘 "어찌하여 우리를 애굽에서 인도해 내어 이 광야에서 죽게 하는가"(민 21:5)라고 물었고, 하나님께 불순종할 때는 하나님이 하신 말씀을 무시하고 하나님이 세우신 영적 지도력을 부정하여 모세와 아론에게 반기를 들곤 했다.

사소한 일이라고 여겨질 수 있고 또 별것 아닌 일에 벌이 너무 가혹한 것이 아니냐고 반문할 수 있는 사례이지만, 하나님의 말씀에 대한 철저한 순종이 필요함을 보여주는 한 예가 민수기 15장 32-36절에 나온다.

이 이야기가 성서에 기록되어 있는 것은 분명 그 점을 강조하기 위함일 것이다.

이스라엘 백성이 광야에 거류할 때 어떤 사람이 안식일에 나무를 했다. 그것을 본 사람들이 그를 잡아 모세와 아론과 회중 앞으로 끌고 왔다. 그러나 그들은 어떻게 해야 할지 몰랐다. 그때 하나님은 모세에게 돌로 쳐 죽이라고 말씀하셨다. 사람들은 그를 돌로 쳐 죽였다. 성서는 이렇게 기록하고 있다. "온 회중이…여호와께서 모세에게 명령하신 대로 하니라"(36절).

그는 하나님의 계명을 무시했다. 그 일이 있은 후, 하나님은 옷단 귀에 술을 달라고 명하시면서 이렇게 말씀하셨다. "너희가 내 모든 계명을 기억하고 행하면 너희의 하나님 앞에 거룩하리라 나는 여호와 너희 하나님이라 나는 너희의 하나님이 되려고 너희를 애굽 땅에서 인도해 내었느니라 나는 여호와 너희의 하나님이니라"(40-41절).

성서에 기록된 내용 가운데서 이스라엘 백성이 광야생활 40년간 저지른 범죄들 중 가장 큰 범죄는 하나님이 세우신 지도자 모세와 대제사장 아론의 지도력에 대한 반항이었다. 그것은 곧 하나님을 거역하는 것이었다. 민수기 16장은 이 사건에 대해 보도하고 있다.

레위 자손 고라와 르우벤 자손 다단과 아비람, 그리고 온이 함께 모의하여 대제사장직을 모욕하고 모세의 지도력을 공격했다. 이로 인해 하나님은 그들을 심판하셨다. 땅이 그들의 발아래에서 그들을 삼켜버린 것이다(1-35절). 그 일은 이스라엘 백성의 공분을 샀고 다음날 그들은 모세와 아론에게 집단적으로 몰려와 불만을 토로했다. 그때 하나님의 영광이 그들 위에 나타났고 많은 사람들이 염병으로 죽었다. 만일 아론이 모세의 지시에 따라 향로를 가지고 사람들을 위하여 속죄하지 않았다면 더 많은 사람들이 죽었을 것이다.

그 후 곧바로 하나님은 모세에게 명하여 각 지파에서 족장의 지팡이를 취해 거기에 이름을 쓰고 그것들을 언약궤 옆에 놓아두도록 하셨다. 다음 날, 하나님의 능력이 나타났다. 아론의 지팡이에서 순이 나고 꽃이 피어 살구 열매가 열린 것이다(민 17:8). 그 사건을 통해 이스라엘 백성은 제사장이 꼭 필요함을 인식하게 되었다. 하나님은 그 사건을 통해 제사장직에 저항하는 사람들에게 제사장의 절대적 필요성을 알려주셨다.

그렇다고 해서 이스라엘 백성의 불평과 하나님의 명령에 대한 불순종이 온전히 끝난 것은 아니었다. 그들은 므리바에서 다시금 먹을 것과 마실 것이 없음을 불평했고(민 20:3-5) 더 악하게는 싯딤에서 국가적인 배교를 저질렀다(민 25:1-4). 가담자들은 모두 심판을 받았다.

완전하신 하나님 그리고 완전한 지도자

민수기 20장은 출애굽 백성을 구분 짓는 분수령과도 같은 장이다. 왜냐하면 그것은 이스라엘 백성이 출애굽 후 세 번째 여행의 시작을 알리고 있기 때문이기도 하고, 또 출애굽 1세대의 대표자들—미리암과 나홀—이 죽음을 고하고 있기 때문이다(그리고 모세도 거기에서 생긴 일로 인해 가나안 땅에 들어가지 못할 것이라는 하나님의 말씀을 듣게 된다). 그로 인해 출애굽 1세대들은 모두 죽게 되고 여호수아와 갈렙만이 약속의 땅 가나안에 들어가게 된다.

하나님은 아브라함이 구십 구세가 되었을 때 이렇게 말씀하셨다. "나는 전능한 하나님이라 너는 내 앞에서 행하여 완전하라." 하나님은 자신이 말씀하시는 것처럼 전능하시다. 그리고 완전하시다. 그래서 그분은 하나님이시다. 그러나 하나님의 피조물이자 죄인인 인간은 완전하지 않다. 그래서 그는 인간이다. 그런데 완전하고 전능하신 하나님이 불완전한 아브라함에게 완전하라고 말씀하신다. 곧 흠이 없으라고 말씀하신다. 이것은 가능한 주문일까? 전능자가 불완전한 자를 향해 자신의 완전함을 과시하는 것이 아닌가?

사도 바울은 구약의 말씀을 인용해 이렇게 말하지 않았던가? "기록된 바 의인은 없나니 하나도 없으며"(롬 3:10). "모든 사람이 죄를 범하였으매 하나님의 영광에 이르지 못하더니"(롬 3:23). 의인이 아닌 인간이 어떻게 완전할 수 있을까? 죄를 범한 인간이 어떻게 하나님의 영광의 차원인 완전함에 이를 수 있는가? 모든 것을 다 아시는 완전하고 전능하고 전지하신 하나님이 그것도 모르시는가? 아니다. 하나님은 그것을 잘 아신다. 그럼에도 그것을 요구하신다. 존재의 완전함, 곧 존재의 흠 없음이 아니라 행위의 완전함, 곧 행함에서의 흠 없음을 요구하신다.

이 말은 아마도 하나님의 말씀에 대한 철저하고 온전한 순종, 곧 하나님의 말씀을 온전하게 따르는 것을 의미할 것이다. 그런 의미에서 바울은 이렇게 말한 적이 있다. "율법의 의로는 흠이 없는 자라"(빌 3:6). 바울은 분명 하나님의 계명을 철저히 준수하며 살았던 머리부터 발끝까지, 곧 뼛속까지 철저한 유대인이요 율법주의자였다.

하나님은 아브라함에게 그러한 완전함을 요구하셨을 것이다. 그렇다면 하나님은 분명 이스라엘 백성을 애굽에서 가나안으로 인도해 가도록 부르신 모세에게도 그러한 흠 없음을 원하셨을 것이다.

이스라엘의 지도자 하나님의 사람 모세가 이스라엘 백성을 애굽에서 가나안으로 인도해 가는 과정에서 지도자로서 보여준 두 가지의 중요한 모습이 있다. 하나는 하나님이 그에게 말씀하실 때 그가 하나님이 자기에게 명하신대로 그대로 다 행하고 또 하나님의 뜻을 이스라엘 백성에게 바르게 전했다는 것이다. 다른 하나는 이스라엘 백성이 하나님 앞에 죄를 범하여 하나님의 진노를 사서 죽게 되었을 때 어김없이 하나님 앞에 엎드려 그들을 위해 간청했다는 것이다. 모세는 중보자였고 중재자였다. 그는 이스라엘 백성을 향하여 하나님의 뜻을 전했고, 하나님을 향하여 이스라엘 자손의 필요를 아뢰었다. 우리는 여기에서 영적 지도자의 두 가지 모습을 보게 된다. 영적 지도자는 자신이 먼저 하나님의 뜻을 준행하면서 하나님의 백성에게 하나님의 뜻을 알려야 한다. 동시에 그는 자신이 이끄는 하나님의 백성의 필요를 가지고 하나님 앞으로 나아가 그것을 아뢰어야 한다.

그런데 하나님의 말씀에 그렇게 충실했던 모세가 하나님 앞에서 한 가지 잘못을 저질렀다. 하나님 앞에서 흠이 생겼다. 므리바에서였다. 하나님은 이스라엘 백성이 다시금 물이 없음을 불평할 때 영광 가운데서 모세에게 지팡이를 가지고 아론과 함께 회중 앞에 나아가 반석을 향해 물을 내라고 명한 다음 그 물로 회중과 짐승을 먹이라고 말씀하셨다. 모세는 하나님의 명령대로 그분 앞에서 지팡이를 잡고 회중을 그 반석

앞에 모으고는 분에 못 이겨 "반역한 너희여 들으라 우리가 너희를 위하여 이 반석에서 물을 내랴"(민 20:10)고 말한 다음 두 손을 들어 지팡이로 반석을 두 번 치자 물이 많이 솟아올랐다.

이에 하나님은 모세와 아론이 자신을 믿지 않았으며 이스라엘 백성 앞에서 하나님의 거룩함을 나타내지 않았기 때문에 이스라엘 백성을 가나안으로 인도해 들어가지 못할 것이라고 말씀하셨다. 이 한 번의 잘못으로 인해 그들은 약속의 땅에 들어갈 수 없게 되었다. 한편으로는 하나님이 너무 가혹하신 것이 아닌가? 라는 물음이 든다. 그러나 하나님은 자신의 사람, 더욱이 자신이 세우신 지도자가 완전하게 행하기를 원하신다.

이와 관련하여, 웬함은 이렇게 말한다.

> 이는 사소한 차이로 보일지 모르지만, 이스라엘의 지도자들은 율법과 하나님의 명령에 정확하게 순종하도록 만전을 기해야 한다. 레위기 10:1-2는 허용되지 않은 불로 제사를 드리다가 죽은 아론의 아들들에 대해 관해 말한다. 이제 아버지와 삼촌 역시 비슷한 잘못을 범하고 있는 것이다. 분명히 오경은 이 율법들에 정확하게 순종하라고 도전하고 싶은 것이다.

하나님의 능력 안에서 지도자의 완전은 '가능한 불가능성'이라기보다는 '불가능한 가능성'이다. 그래서 하나님이 세우시는 지도자는 완전을 지향해야 한다. 하나님 앞에서 행하여 완전하려고 애써야 한다. 비록 불완전한 존재임에도 그렇게 하려고 노력해야 한다. 그럴 때 완전하신 지도자이시며 지도력의 궁극적인 모델이신 하나님이 우리의 불완전함을 자신의 완전하심으로 채워 완전한 지도자로 세우고 사용하실 것이다. 우리에게 필요한 것은 하나님의 계명을 지키고 그분의 말씀에 온전히 순종하는 것이다. 그것이 완전한 지도자의 본질적인 조건이다. 그런 사람이 하나님께 온전히 쓰임을 받는다.

16

모세, 출애굽 2세대 그리고 여호수아

이스라엘 백성은 하나님의 해방의 은혜를 힘입어 노예생활을 하던 애굽에서 나와 홍해를 건너고 시내 광야에 이르러 거기서 하나님과 언약을 맺고 약 일 년 동안 체류했다. 그리고 가나안을 향해 떠나라는 하나님의 명령을 받고 그곳을 떠나 가데스 바네아에 이르게 되었다. 거기서 모세는 하나님의 명령에 따라 열두 명의 정탐꾼을 가나안 땅으로 보내 정탐하게 했고, 이스라엘 백성은 그 열두 명의 정탐꾼들 중 열 명의 정탐꾼의 말을 듣고 하나님과 모세 그리고 아론에게 반기를 들었다. 그로 인해 하나님께 벌을 받아 사십년간-더 정확히는 삼십팔 년간-광야에서 떠돌다 출애굽 1세대들은 여호수아와 갈렙을 제외하고 모두 광야에서 들꽃처럼 져갔다. 그리고 출애굽 2세대들은 모세의 인도를 받으며 가나안 땅을 향해 마지막 행진을 계속해갔다.

이제 그들은 그들보다 앞서 행하시며 인도하시는 하나님과 그들의 지도자 모세의 지도를 따라 적들을 무찌르면서 하나님이 주신 약속의 땅을 자신들의 거주지로 만들어갈 역사를 눈앞에 두고 있었다. 그러나 그들에게는 약속의 땅에 대한 기대와 알지 못하는 땅으로 들어가는 것에 대한 주저함이 함께 있었다. 그것이 이스라엘 백성이 요단 이편, 곧 요단 동편에 서서 요단 저편, 곧 요단 서편인 약속의 땅을 보면서 직면한 현실이었다.

이스라엘과 함께 싸우시는 하나님

애굽에서 노예생활을 하던 이스라엘 백성을 해방시켜 바로의 압제로부터 자유하게 하신 분은 해방과 구원의 주 하나님이다. 그런데 이스라엘 종교 전통에서 그 하나님은 우주 만물을 지으신 창조주이다. 이스라엘 백성은 하나님의 말씀과 경험과 배움을 통해 그것을 분명하게 알고 있었다.

구원과 창조의 주 하나님은 또한 이스라엘 백성을 인도하시는 하나님이셨다. 하나님은 애굽의 종살이에서 이스라엘을 해방시키시고 이끌어 내신 후에 그들을 약속의 땅으로 인도해 가셨다. 이스라엘 백성이 광야를 지날 때 그들과 함께 하시면서 낮에는 구름기둥으로 밤에는 불기둥으로 인도하셨다. 뿐만 아니라 그들에게 먹을 것과 마실 것을 공급해 주심으로써 이스라엘 백성이 약속의 땅을 향해 가는데 부족함이 없게 하셨다.

그럼에도 약속의 땅 가나안을 향해 가는 이스라엘 백성에게는 진퇴

양난의 마음이 있었다. 하나님이 주실 땅에 대해서는 들어가 취하고 싶은 간절한 마음이 있었다. 왜냐하면 그곳은 분명 그들의 마음을 확실하게 사로잡을 만큼 젖과 꿀이 흐르는 기름지고 풍성한 매력 만점의 땅이었기 때문이다. 그들의 대표자들은 그것을 직접 눈으로 확인했었다.

다른 한편으로, 그 땅은 그들이 손수 취해야 하는 것이었다. 그러나 약속의 땅 가나안은 호락호락한 곳이 아니었다. 그들이 이미 정탐꾼들을 통해 알게 되었듯이, 그곳은 이스라엘 백성의 마음에 "두려움을 불러일으키는 곳"(브루그만)이었다. 그곳은 원주민들인 가나안 족속들로 가득했고 그들에게는 이스라엘 백성을 반겨줄 마음이 전혀 없었다.

현실적으로 그곳의 물리적 벽은 너무 높았고 그곳에 사는 사람들은 거인들이었다. 그들은 견고한 성과 크고 강한 군대와 강력한 무기를 지녔다. 그러나 이스라엘은 그들에 비하면 메뚜기 같았고(민 13:33) 오합지졸이었으며 그들의 손에는 싸움을 위해 잡을 만한 것이 거의 없었다. 그만큼 현실의 벽은 높았다. 그것이 이스라엘 백성이 직면한 현실이었다. 있는 그대로의 모습이었다. 그래서 그들에게는 분명 그곳에 들어가는 것에 대한 두려움과 주저함이 있었다.

그런 이유로, 그들이 약속의 땅에 들어가 그것을 차지하려면 그들에게는 믿음과 용기가 필요했다. 현실적으로 그리고 영적으로 그들에게 믿음과 용기는 최고의 무기였다. 그리고 그 믿음과 용기는 하나님의 약속의 말씀과 하나님의 인도하심에 대한 역사적 경험에 근거했다. 이스라엘 민족의 역사적 경험에서 하나님은 그들을 인도하시고 보호하시면서 그들을 위해 싸우시는 분이셨다. 그들은 하나님이 바로와의 싸움에서 이기시는 것을 목격하여 분명하게 알고 있었다. 자신들이 애굽을 나와 광야에 있게 된 것은 그것에 대한 증거였다. 그들은 스스로 광야에 있지 않았다. 그들에게는 그런 능력이 전혀 없었을 뿐만 아니라 그런 꿈도 꾸지 못했다.

하나님은 이스라엘 백성과 함께 적들과 싸우셨지만 또한 이스라엘 백성으로 하여금 적과 싸우라고 명하시기도 하셨다. 그들은 가나안으로 진격해 가면서 도중에 마주치는 적들과 싸워야 했다. 그러나 그들이 싸울 때 반드시 기억해야 할 중요한 점은 하나님이 자신들과 함께 하시며 자신들을 위해 싸우신다는 것이었다. 실제로, 이스라엘은 자신들을 위해 싸우시는 하나님으로 말미암아 안전을 확보할 수 있었고 또 하나님과 함께 그분이 선물로 주시는 약속의 땅을 향해 승리하며 나아갈 수 있었다. 그리고 결국에는 하나님이 자신들에게 기업으로 주신 가나안 땅을 모두 얻을 수 있었다. 물론, 그 선봉에는 언제나 하나님이 출애굽 때부터 이스라엘의 지도자로 세우신 하나님의 사람 모세가 있었다. 그리고 그의 후계자 여호수아가 있었다.

지도력의 교체: 모세에서 여호수아로

모든 지도력은 본질적으로 하나님의 지도력에 속하고 하나님의 지도력을 섬긴다. 지도력의 출발점은 하나님이다. 하나님은 완전하시다. 때문에 하나님은 완전하신 지도자이고 그분의 지도력은 완전하다. 반면에 인간은 불완전하다. 때문에 인간은 불완전한 지도자이고 인간의 지도력도 불완전하다. 그래서 인간의 모든 지도력은 하나님의 지도력을 따를 때 바를 수 있다.

더욱이 인간의 일시적이고 단기적인 지도력은 하나님의 영원하고 장기적인 지도력 안에 자리한다. 하나님의 지도력은 한이 없지만, 인간의 지도력은 때가 되면 끝이 난다. 그리고 다른 지도자가 그 자리를 채우게 된다. 이것은 영적 지도력에도 예외는 아니다. 이스라엘의 탁월한 지도자 모세의 지도력이 그랬다.

모세의 지도력은 하나님의 지도력에 속해 있었고 하나님의 지도력을 섬겼다. 그러나 그의 지도력은 유한한 것이었다. 그리고 이제는 모세도 자신의 지도력을 내려놓고 다음 지도자에게 넘겨주어야 하는 때가 왔다. 하나님이 그의 지도력을 거기까지로 한정하셨기 때문이다. 마음은 하나님의 부르심대로 이스라엘 백성을 약속의 땅 가나안까지 이끌어 그들이 그곳에서 정착하는 것을 보고 죽고 싶었지만 하나님은 그에게 그것을 허락하지 않으셨다. 그가 하나님 앞에서 지도자로서의 온전한 모습을 유지하고 나타내지 못했기 때문이다.

민수기 27장은 그 문제를 다룬다. 하나님은 모세로 하여금 이스라엘 자손에게—모세가 아니라—주실 땅을 바라보게 하신다. 그리고 다시금 분명하게 말씀하신다. '너는 회중 앞에서 내 거룩함을 나타내지 않았기 때문에 그곳으로 들어가지 못한다'(14절). 그때 모세는 하나님께 '회중 가운데 한 사람을 세워 그들을 가나안으로 이끌어 가게 해 달라'고 요청한다(16-17절).

그때 하나님은 모세에게 "영이 머무는 자" 눈의 아들 여호수아에게 안수하고 제사장 엘르아살과 온 회중 앞에서 그에게 위탁하게 하신다. 그리고 온 회중으로 하여금 그에게 복종하게 하라고 명하신다(18-20절). 하나님은 모세에게 그렇게 하셨던 것처럼 여호수아의 지도력에도 권위를 부여하신 것이다. 모세는 하나님의 명령에 따라 눈의 아들 여호수아를 이스라엘 회중 앞에 세우고 안수하여 이스라엘의 차세대 지도자로 세운다(22-23절). 이렇게 하여 지도력의 교체가 가시적으로 이루어졌다.

다른 한편으로, 신명기 31장은 이 지도력 교체식을 좀 더 구체적으로 보여준다. 모세는 이스라엘 자손을 향해 하나님께서 자신이 요단강을 건너는 것을 허락하지 않으셨다고 말한 후에 이렇게 권면한다. "너희는 강하고 담대하라 두려워하지 말라 그들 앞에서 떨지 말라 이는 네 하나님 여호와 그가 너와 함께 가시며 결코 너를 떠나지 아니하시며 버리지 아니하실 것임이라"(6절). 그런 다음 여호수아를 향해서도 다음과 같이 권면하는데, 그 내용은 이스라엘 백성에게 한 권면과 맥을 같이한다. 아마도 그것은 이스라엘 백성이나 여호수아나 같은 상황에 놓여있었기 때문이고, 더욱이 여호수아는 그들을 이끌고 약속의 땅 가나안으로 들어가야 했기 때문일 것이다. 이스라엘 백성에게도, 여호수아에게도 필요한 것들 중 하나가 강하고 담대한 마음이었다.

> 모세가 여호수아를 불러 온 이스라엘의 목전에서 그에게 이르되 너는 강하고 담대하라 너는 이 백성을 거느리고 여호와께서 그들의 조

상에게 주리라고 맹세하신 땅에 들어가서 그들에게 그 땅을 차지하게 하라 그리하면 여호와 그가 네 앞에서 가시며 너와 함께 하사 너를 떠나지 아니하시며 버리지 아니하시리니 너는 두려워하지 말라 놀라지 말라.(7-8절)

그 후에 아주 감동적인 장면이 이어진다. 하나님은 모세에게 그가 죽을 때가 되었기 때문에 여호수아를 불러서 함께 회막으로 나오라고 말씀하신다. 하나님의 말씀에 따라 그들은 하나님께 나아가 회막에 나란히 선다. 1세대 지도자인 모세와 그의 뒤를 이을 2세대 지도자인 여호수아가 함께 자신들을 부르시고 지도자로 세우신 하나님 앞에 선 것이다. 상상해 보라. 이 얼마나 황홀하고 멋진 장면인가! 거기에는 이스라엘 1세대 지도자 모세, 이스라엘 2세대 지도자 여호수아 그리고 그들을 부르시고 지도자로 삼으신 본래적이고 궁극적인 지도자 하나님이 함께 있다.

그때 하나님은 구름기둥 가운데서 그들에게 나타나셔서 말씀하신다. 하나님은 모세에게 명하여 이스라엘 자손이 부를 노래를 써서 가르치라고 말씀하신다. 모세는 하나님이 말씀하신대로 한다. 곧이어 하나님은 여호수아에게 이렇게 명하신다. "너는 이스라엘 자손들을 인도하여 내가 그들에게 맹세한 땅으로 들어가게 하리니 강하고 담대하라 내가 너와 함께 하리라"(23절).

이렇게 함으로써 모세와 여호수아의 지도력 교체식이 하나님 앞에서 이루어졌다. 그런 후에 모세는 이스라엘 앞에서 그 노래를 읽었고(34장),

죽기 전에 이스라엘 자손을 위해 축복한다(34장). 그리고는 하나님이 말씀하신 대로 파란만장한, 그러나 영광스럽고 복된 생을 마감하게 된다. 오스 기니스(Os Guinness)는 소명과 관련하여 이렇게 말한다.

> 하나님은 자기 인생의 과업에 유보 없이, 후회 없이, 헌신할 사람들을 부르신다…이러한 삶을 추구하는 사람에게는 어떤 사소한 것이라도 삶의 의미를 위협할 만큼 사소한 것은 없다. 어떤 엄청난 일이라도 소명의 용기를 꺾을 정도로 대단하지는 않다. 그들은 있는 모습 그대로의 세상에 관여하지만 그들이 추구하는 것으로부터 결코 방향을 전환하지는 않는다. 왜냐하면 그들은 타인의 눈에는 보이지 않는 관심사와 이상을 바라보는 눈을 항상 갖고 있기 때문이다.

모세가 바로 그런 사람이었다. 모세는 소명에 따라 자기 인생을 철저하게 하나님께 헌신했고 여러 가지 어려운 상황에서도 결코 자신이 걸어가던 길에서 멈춰서거나 다른 길로 가지 않았다. 왜냐하면 그는 계속해서 하나님이 주신 이상을 바라보았기 때문이다. 그의 믿음과 지도력에는 한결 같음과 일관성이 있었다.

모세는 출애굽 1세대를 위한 지도자였다. 그리고 여호수아가 출애굽 2세대를 위한 지도자로 세움을 받았다. 그리고 이스라엘 백성이 가나안으로 들어가기 전, 모세가 죽음을 맞이하게 되면서 곧바로 여호수아가 이스라엘 백성을 이끌고 가나안으로 진격해 들어가게 된다. 하나님의 말씀과 하나님의 지도력을 따라 자신의 지도력을 발휘하면서 그렇게 해

간 것이다.

지도력과 이어달리기

인간은 역사로부터 배우는 존재이고 또 배울 수 있는 존재이다. 그것은 인간만이 지닌 능력이다. 인간이 역사적 교훈을 무시하면 역사적 발전은 불가능하다. 이것은 인간의 삶의 모든 면에 해당된다. 지도력도 예외는 아니다.

지도력은 일종의 이어달리기이다. 동일한 공동의 목적을 위해 여러 지도자가 계속해서 이어가는 것이 지도력이다. 그래서 지도자는 언제나 개인의 이익이나 영달보다는 그룹이나 조직의 목적과 이익을 추구해야 한다. 그것이 올바른 지도력일 뿐만 아니라 지도자가 존재하는 이유이고 목적이기도 하다.

이어달리기로서의 지도력이 계속해서 바르게 발휘되려면 조직과 공동체는 계속해서 지도자를 기르고 세우며, 지도력을 개발하고 지원하는 일을 멈추지 않아야 한다. 계속해서 사람들을 키워 지도자로 세워가야 한다. 그래야 그 조직과 그룹이 오래도록 존립할 수 있다.

이것은 신앙공동체에도 그대로 적용된다. 신앙공동체가 견고하게 세워지고 유지되고 발전해 가려면 지도력 유산이 중요하다. 우리는 모세와 여호수아의 사례에서 그 점을 배울 수 있고 또 배워야 한다. 신앙 공동체로서의 교회는 계속해서 지도자들을 개발하고 기르고 세워가야 한다. 그럴 때만 교회에 미래가 있을 수 있다. 교회가 지도자들을 기르고 세워가는 일을 게을리 하면, 결국에는 교회는 "목자 없는 양"(마 9:36) 같이 되고 말 것이다.

뿐만 아니라 목회자와 교회는 신자들이 세상 속에서 믿음에 근거한 지도력을 발휘해 갈 수 있도록 성도들을 길러야 한다. 세상 속 자신이 살고 일하는 곳에서 하나님의 사람으로 또 세상을 향한 하나님의 지도자로 빛과 소금의 역할을 제대로 감당하는 영적 지도자들을 세워가는 것이다.

앞에서 강조해온 것처럼, 영적 지도력은 하나님으로부터 온다. 그래서 그 권위도 하나님으로부터 온다. 모세와 아론 그리고 여호수아의 사례는 그것을 잘 보여준다. 모세와 여호수아에게서 배울 수 있는 것처럼, 영적 지도력의 중심에는 하나님에 대한 신실한 믿음이 있다. 믿음은 영적 지도력의 핵심이고 토대이다.

로버트 클린턴(J. Robert Clinton)은 지도력을 "하나님의 교훈에 대한 우리 삶의 반응"이라고 정의하면서 올바른 영적 지도자의 특징으로 세 가지를 든다. 첫째로, "각 지도자는 개인적으로 하나님께서 원하는 사람이 되어야 한다"는 것이다. 둘째로, "각 지도자는 다른 지도자를 생산하는 일을 해야 한다"는 것이다. 셋째로, "지도자들은 그들을 위해 가지고 있는 하나님의 목적과 일치해야 한다"는 것이다. 이런 지도자들은 교회와 세상에서 분명한 영적 영향력을 발휘하게 될 것이다.

하나님의 궁극적인 목적을 위한 이어달리기로서의 영적 지도력을 생각할 때 명심할 것이 하나 있다. 지도력의 교체는 명확해야 한다는 것이다. 오늘날 곳곳에서 지도력의 교체가 잘못되고 불분명하여 교회가 어려움에 빠지곤 한다. 대부분 지도력의 문제이다. 특히, 전임 지도자들의 문제가 크다. 지도자는 물러날 때를 알아야 한다. 아름다운 마무리가 필요하고 중요하다. 특히, 지도력의 교체가 바르게 이루어지려면 전임 지도자는 후임 지도자가 하나님의 일을 잘 감당할 수 있도록 물러나야 한다. 옛것이 가야 새것이 올 수 있다. 그래야 하나님의 지도력이 제대로 이어지고 발휘될 수 있다. 그래야 하나님의 지도력이 제대로 이어지고 발휘될 수 있다.

우리는 종종 우리의 지도력을 하나님의 지도력의 중심에 세우려는 유혹을 받는다. 사실, 많은 사람들이 그 유혹에 넘어간다. 더불어 믿음의 공동체도 넘어진다. 찢기고 갈리고 상처만 남는다. 그것은 분명 지도자의 잘못이다. 하나님은 각 세대에 맞는 지도자를 부르시고 세우시고 사용하신다. 교회와 목회자가 할 일은 그런 사람들을 기르고 하나님이 지도자로 세우시게 하는 것이다.

신자는 하나님과 함께 인생길을 걸어가는 사람이다. 믿음의 공동체는 하나님과 함께 하나님의 인도를 따라 영적 순례여행을 해 가는 순례자들이다. 하나님이 앞서 행하시고 원수들과 싸우시면서 우리로 하여금 그 영적 싸움에 참여하게 하신다. 우리가 할 일은 믿음을 가지고 우리를 인도하시는 하나님을 신뢰하면서 강하고 담대하게 싸우며 나아가는 것이다. 영적 지도자는 하나님의 사람들을 잘 이끌어 싸움에서 승리하며 나아갈 수 있도록 해주어야 한다. 그러려면 그 자신이 바른 믿음에 서 있어야 한다.

오늘 우리 시대는 그리고 모든 시대는 그런 신앙인, 그런 신앙공동체 그리고 그런 영적 지도자를 필요로 한다. 하나님을 위해서다. 하나님의 교회를 위해서다. 그리고 하나님이 지으시고 구속하실 세상과 그 가운데 있는 모든 이들을 위해서다. 우리 각자에게 그런 책임이 있다.

17

요단 이편-동편-과 저편-서편-사이에서

하나님의 해방하시는 은혜를 힘입어 애굽에서 나와 자기들의 인도자 모세와 함께 광야에서 사십년을 보낸 이스라엘 백성은 드디어 하나님의 약속의 땅, 곧 젖과 꿀이 흐르는 땅 가나안이 마주보이는 요단 이편, 곧 요단 동편에 이르게 되었다. 그 사이 모세와 여호수아 그리고 갈렙을 제외하고 출애굽 1세대들은 모두 광야에서 사라져갔고 출애굽 2세대들만 남았다. 그리고 그 2세대들을 약속의 땅으로 인도해 갈 새로운 지도자로 여호수아가 새롭게 임명되었다.

그런 상태에서 모세는 진행해 가던 이스라엘 백성을 요단 이편, 곧 요단 동편에 위치한 모압 평지에서 잠시 멈추게 하고는 그들에게 설교라는 매체를 통해 하나님의 말씀을 전한다. 신명기는 세 편으로 구성된 모세의 설교(첫 번째 설교: 1:6-4:43; 두 번째 설교: 5:1-28:69; 세 번째 설교: 29:1-30:20)를 담고 있는데("이는 모세가 요단 저쪽 숩 맞은편의 아라바 광야 곧 바란과 도벨과 라반과 하세롯과 디사 합 사이에서 이스라엘 무리에게 선포한 말씀이니라"[신 1:1]), 모세는 자신의 첫 번째 설교에서 우선적으로 시내(호렙)산에서 그곳 모압 평지까지 이스라엘이 걸어오면서 경험한 그 동안의 여정에 대해 회고한다.

그것은 모세가 자신의 설교를 시작하는데 있어서 적절한 시작점이라고 여겨진다. 왜냐하면 현재는 언제나 과거에 대한 회상과 미래에 대한 전망 사이에서 구성되는 복합적이고 변증법적인 상호작용의 실체이기 때문이다. 모세는 과거를 돌아보면서 반성하고 앞으로 가나안 땅에 들어가 어떻게 사는 것이 하나님이 원하시는 삶인지를 전하기 원했다.

이번 장에서는 이스라엘 민족이 형성되어 모압 평지까지 오게 된 과정을 역사적으로 그리고 지리적으로 되짚어보면서 이스라엘의 참 인도자인 하나님의 역사적 행위를 성찰해보려고 한다. 그런 후에 다음 장에서는 그의 설교의 내용을 살펴보려고 한다.

요단 이편-메소포타미아 갈대아 우르-에서 요단 저편-가나안-으로: 아브라함의 이주

요단강은 모세가 이스라엘 백성과 함께 서서 하나님의 말씀을 전하고 듣는 모압 평지에서 볼 때 모압 평지가 있는 요단 이편인 동편과 요단 저편 곧 가나안 땅이 있는 서편을 가르는 지리적 경계선이었다. 그러나 그것은 또한 "상징적인 의미," 곧 "광야의 불안정성과 정착지[가나안 땅]의 확실성 사이에 있는 경계선"이기도 했다(브루그만).

다른 한편으로, 좀 더 근본적인 관점에서 보면 그것은 영적 경계선이기도 했다. 왜냐하면 이스라엘의 지리적 기원은 요단 동편의 한 지역, 곧 갈대아 우르에서 시작되었기 때문이다. 요단 동편 지역을 좀 더 넓게 볼 때, 모세가 이스라엘 백성과 함께 있던 요단 동편 지역은 아래쪽에는 에돔이 있었고 중간에는 모압이 있었으며 위쪽에는 암몬이 있었다. 그리고 그 위쪽인 동북쪽의 메소포타미아 지역에는 앗시리아와 바벨론이 있었고 바벨론에 갈대아 우르가 있었는데, 바로 그곳에 이스라엘 민족의 시조가 되는 아브라함이 살고 있었다. 그리고 그곳에서 하나님의 부르심을 받게 되었다.

아브라함은 하나님의 부르심을 받고 어느 날 아버지 데라와 자신의 형 하란의 아들인 조카 롯과 함께 가나안으로 이주하기 위해 그곳을 떠나 요단 서편 가나안 땅에서 한참 위쪽인 하란에 이르러 거기에서 정착하게 되었다. 그리고 그의 아버지가 죽은 후에 하나님이 아브라함을 거기서 가나안 땅으로 옮겨주셨다(행 7:4). "이에 아브람이 여호와의 말씀을 따라갔고 롯도 그와 함께 갔으며 아브람이 하란을 떠날 때에 칠십오 세였더라"(창 12:4). 요단 서편, 곧 가나안 땅이 바로 하나님이 아브라함을 부르셔서 "너는 너의 고향과 친척과 아버지의 집을 떠나 내가 네게 보여 줄 땅으로 가라"(창 12:1)고 말씀하셨을 때의 그 땅이었다. 하나님이 보여 주시겠다고 하신 땅이었다.

이런 점에서 볼 때, 갈대아 우르와 가나안 땅을 가르는 요단강은 영적 경계선이라고도 말할 수 있을 것이다. 왜냐하면 그것은 하나님 없는 삶과 하나님이 있는 삶, 하나님을 떠나 사는 삶과 하나님과 함께 하는 삶을 구분 짓기 때문이다. 하나님은 아브라함이 가나안 땅에 이르게 되었을 때 자신과 함께 새로운 인생길을 걸어가는 그에게 젖과 꿀이 흐르는 땅을 그와 그의 후손에게 주어 소유로 삼게 하시겠다고 약속하셨다 (창 15:7,18). 그래서 그 땅은 이스라엘 백성에게 약속의 땅이 되었다. 이런 점에서, 아브라함이 하나님의 부르심을 받고 갈대아 우르를 떠난 것은 "가장 급격한 변화의 순간"(브루그만)이었다고 말할 수 있다.

요단 저편—가나안 땅—에서 시내 광야 저편—애굽—으로

하나님의 부르심에 응답하여 길을 나선 아브라함은 하나님의 인도를 따라 가나안 땅에 이르게 되었다. 그리고 그곳에서 하나님과 함께 살았다. 하지만 비록 가나안 땅이 하나님께서 그와 그의 후손에게 주시겠다고 약속하신 땅이었을지라도, 그 당시에 아브라함은 그 땅에서 거주자가 아니라 체류자였다. 아직 그 땅이 그와 그의 후손의 것이 아니었기 때문이다.

그리고 그는 죽을 때까지 그곳에서 체류자로 살았다. 다만 아내 사라를 위해 그리고 자신을 위해 돈을 주고 묘지를 사서—하나님이 주셔서가 아니라—자신의 땅으로 만든 것 외에는 땅 한 평 소유하지 못했다. 그리고 그는 하나님이 "너는 장수하다가 평안히 조상에게로 돌아가 장사될 것이요"라고 말씀하신 것처럼 약속의 땅에서 하나님과 동행하면서 그렇게 살다가 죽었다. 그러나 그는 확실하게 이루어질 하나님의 분명한 약속 안에서 죽었다. 그리고 그의 자손들인 이삭과 야곱도 상황은 마찬가지였다. 비록 하나님이 그곳에서 그들에게 복을 주어 번영하게 되었을지라도 말이다.

하나님은 아브라함과 언약을 맺으실 때 이렇게 말씀하셨다. "너는 반드시 알라 네 자손이 이방에서 객이 되어 그들을 섬기겠고 그들은 사백 년 동안 네 자손을 괴롭히리니 그들이 섬기는 나라를 내가 징벌할지며 그 후에 네 자손이 큰 재물을 이끌고 나오리라"(창 15:13-14). 이것은 야곱의 아들 요셉이 형들에 의해 애굽으로 팔려가면서 가시화되기 시작했다. 요셉은 여러 가지 어려운 상황 가운데서도 하나님이 그와 함께 하시고 범사에 형통하게 하심으로써 결국에는 애굽의 총리가 되었다. 그리고 애굽 주변의 여러 나라에 기근이 들었을 때 요셉의 형들과 야곱이 곡식을 사러 왔다가 서로 재회했고 야곱의 가족들은 애굽으로 이주하여 그곳에서 살게 되었다.

그 후 요셉과 그의 형제들 그리고 그 시대의 사람들은 모두 죽었지만 이스라엘 백성은 생육하고 번성하여 애굽에 가득하게 되었다. 그 사이에 요셉을 알지 못하는 새 왕조의 새 왕이 애굽을 다스리게 되었는데, 그는 이스라엘 백성이 강해지는 것을 우려하여 그들에게 힘들고 고된 노동을 부과했고 그들은 고통 가운데 살게 되었다. 이것은 하나님이 아브라함에게 하신 말씀이 정확히 이루어졌음을 보여준다.

이 상황은 이스라엘 자손이 하나님의 약속의 땅인 요단 서편 가나안 땅에서 시내 광야 서편-애굽-으로 옮겨진 것이다. 그런데 이 상황은 하나님이 아브라함을 부르시기 전 아브라함이 처해 있던 영적 상황과 비슷했다. 만일 하나님이 아브라함을 부르지 않으셨다면, 그는 생명과 소망의 주 하나님 없이 살아가는 많은 사람들처럼 소망 없이 죄와 사망 가운데 그저 그렇게 살다가 죽고 말았을 것이다.

마찬가지로, 이스라엘 백성이 처한 상황은 비록 그들이 하나님의 약속을 지닌 백성이었지만 하나님의 능력을 힘입지 못하고 생존하는 소망 없는 상황이었다. 특별한 일이 생기지 않았다면, 그들은 꼼짝 없이 고역 가운데 태어나서 고역 가운데 살다가 고역 가운데 죽어갔을 것이다. 그것이 그들의 운명이었을 것이다. 그것이 이스라엘 백성이 처해 있던 시내 광야 서편의 상황이었다.

이런 점에서 보면, 시내 광야 서편 애굽은 요단 동편 갈대아 우르와 같은 곳이었다. 따라서 아브라함이 삶의 소망과 하나님의 구원계획을 위해서 요단 서편으로 옮겨져야 했듯이, 이스라엘 백성도 소망과 하나님의 구원계획을 위해 시내 광야 동편으로 옮겨져야 했다. 그것은 하나님이 아브라함과 이삭과 야곱과 맺으신 언약을 성취하는 것이기도 했고 전 인류를 향한 하나님의 구원계획을 전개하시는 길이기도 했다.

시내 광야 저편-애굽-에서 시내 광야 이편-가나안 땅-으로

하나님은 고난 받는 자기 백성을 그런 상태로 내버려두지 않으셨다. 시내 광야 서편은 궁극적으로 하나님이 의도하신 그들의 삶의 자리가 아니었고 그들이 처한 삶의 상황은 그들의 참된 삶의 모습이 아니었기 때문이다. 그들은 하나님의 약속과 구원계획을 지닌 하나님의 백성이었다. 그래서 그들은 하나님이 정하신 곳에서 모든 민족을 가슴에 품고 하나님의 구원계획 안에서 세상을 향해 하나님의 다스림을 받으며 살아야 했다.

이스라엘 백성은 고통 가운데서 하나님께 부르짖었고 하나님은 그들의 고통소리를 들으시고 아브라함과 이삭과 야곱과 맺으신 자신의 언약을 기억하셨다. 그래서 모세를 부르시고 그를 이스라엘의 지도자로 세우신 후 그들을 애굽에서 이끌어 내셨다. 아브라함에게 말씀하신 것처럼, 하나님은 자기 백성이 고통 가운데 섬기던 나라 애굽을 징벌하시고 그들이 큰 재물을 이끌고 나오게 하신 것이다.

이스라엘 백성은 하나님의 해방의 은혜를 입고 모세의 인도를 따라 시내 광야 저편(서편) 곧 억압의 땅 애굽을 떠나 시내 광야 이편(동편) 곧 하나님의 약속의 땅인 "아름답고 광대한 땅, 젖과 꿀이 흐르는 땅"(출 3:8)을 향하여 행진을 시작했다. 홍해에서 하나님의 놀라운 역사를 경험하기도 했다. 그리고 억압의 땅과 약속의 땅 사이에 있는 시내 광야에서 출애굽의 하나님의 거룩한 백성, 곧 언약의 백성으로 다시 태어났다.

하지만 불행하게도 그들은 하나님과 맺은 언약을 깨고 하나님을 불신함으로써 사막에서 하나님의 벌을 받았다. 하나님의 약속대로 곧장 약속의 땅으로 들어가지 못하고 광야에서 사십년을 보낸 것이다. 그 사이 출애굽 1세대들은 모두 세상을 떠나고 출애굽 2세대들만 남아 그들의 인도자 모세와, 그리고 다음 세대 지도자 여호수아와 함께 요단 동편 모압 평지에서 약속의 땅을 향하여 서 있었다.

모세는 가나안을 향해 가던 이스라엘 백성을 그곳에 멈춰 세웠다. 그리고 하나님이 "그들을 위하여 자기에게 주신 명령을"(신 1:3) 설교를 통해 모두 전했다. 신명기는 일종의 고별설교이자 믿음의 자녀들을 향한 영적 부모로서의 모세의 유언이다. 그 유언은 믿음의 자녀들이자 하나님의 언약 백성으로서의 이스라엘 자손들이 약속의 땅에 들어가 어떻게 살아야 하는 지를 가르치는 일종의 교훈이었다.

이스라엘 백성이 하나님이 선물로 주신 땅을 잃어버리지 않고 영원한 유업으로 이어가려면 하나님이 모세를 통해 주신 계명을 반드시 지켜야 했다. 왜냐하면 가나안 땅은 그들이 자신들의 노력을 통해 얻게 되는 땅이 아니라 전적으로 하나님의 선물로 받게 되는 것이어서 그들이 하나님의 계명을 지키지 않으면 언제든지 그 땅을 잃어버릴 수 있었기 때문이다. 그래서 "신명기에 있는 모세의 설교는 약속과 요구로 가득 차 있다"(브루그만).

이스라엘 백성의 삶은 영적 상황에서 볼 때 언제나 요단 동편(갈대아 우르)/시내 광야 서편(애굽)과 요단 서편/시내 광야 동편(가나안 땅) 사이에서 살아가는 삶이었다. 하나님 안에 있으면 비록 그들이 요단 동편이나 시내 광야 서편에서 살아도 언제나 시내 광야 동편이나 요단 서편으로 나아갈 수 있었지만, 하나님 밖에 있으면 비록 그들이 시내 광야 동편이나 요단 서편에서 살아도 언제나 시내 광야 서편이나 요단 동편의 상황으로 내몰릴 수 있었다(실제로, 그들은 후에 하나님 안에 거하지 않음으로 요단 서편 가나안 땅을 잃고 요단 동편(바벨론)-그것은 영적 의미에서 광야 서편과 같은 상황이었다-으로 쫓겨나게 된다).

이처럼, 이스라엘 백성은 특히 하나님이 모세의 설교를 통해 주시는 말씀에 귀를 기울이고 그것을 마음에 새기고 그 말씀을 따라 살아야 했다. 그래야 자신들뿐만 아니라 자신들의 후손들이 하나님이 주신 약속의 땅에서 오래도록 평안을 누리며 살 수 있었고 세상을 향한 하나님의 구원계획을 위한 복의 통로가 될 수 있었기 때문이다. 그것이 이스라엘 백성에게 모세의 설교가 중요한 이유였다. 모세는 이스라엘 백성을 향해

"들어라"(쉐마)라고 말했다. 그러므로 이스라엘 백성은 귀를 기울여 그의 설교를 통해 전해지는 하나님의 말씀을 들어야 했다. 요단 저편(약속의 땅 가나안)에서의 바른 삶은 요단 이편(모압 평지)에서의 바른 들음에 의해 결정될 것이기 때문이었다.

18

설교의 확신: 하나님의 말씀을 들어라

젖과 꿀이 흐르는 약속의 땅 가나안은 하나님이 이스라엘 백성에게 "주어 살게 할 땅"(민 15:2)이자 "그들의 조상들에게 맹세한 땅"(민 14:23)이었다. 그래서 이스라엘 백성이 그것을 받게 될 것은 기정사실이었다. 그래서 하나님은 자신에게 불순종한 이스라엘 백성들을 심판하시면서도 그들의 후손들이 들어가 살게 될 것이라는 것을 계속해서 분명하게 재확인시켜 주셨다. 그것이 바로 제사를 드리는 방법을 가르치시고 절기준수를 명하신 이유였다. 만일 그들이 거기에 들어갈 수 없다면, 하나님은 거기에서 자신을 예배할 방법과 절기준수에 대해 말씀하실 필요가 없었을 것이다.

실제로, 하나님의 계획과 인도와 약속대로 이스라엘 백성은 모세의 인도를 받으면서 드디어 가나안 땅 바로 문턱, 곧 요단 동편 모압 평지에 이르게 되었다. 그러나 모세는 거기에 그들을 잠시 멈추게 하고서 하나님의 말씀을 전한다. 그것을 기록한 것이 신명기인데, 그것은 세 편으로 이루어진 설교이다.

말씀을 받았던 모세, 말씀을 전하다

모세가 이스라엘 백성의 지도자로 그들을 애굽에서 이끌어내어 광야를 지나 가나안 입구 곧 요단 동편의 모압 평지까지 오게 된 것은 하나님이 그를 부르시고 그에게 말씀을 주셨기 때문이다. 바로에게 가서 이스라엘 백성을 보내어 광야에서 하나님을 예배하게 하라는 말씀이었다. 모세는 처음에는 하나님의 말씀을 받고서 거부했지만 결국 그대로 행했다.

모세는 이스라엘 백성을 애굽에서 이끌어 내어 모압 평지까지 인도하는 동안 계속해서 하나님의 말씀을 받았고 그 말씀에 따라 행했다. 특히, 하나님은 모세에게 이스라엘 백성에게 전할 말씀을 주셨는데, 그때마다 그들에게 그대로 전하고 행했다. 그렇게 하나님으로부터 말씀을 받고 전하면서 이스라엘 백성을 이끌어 모압 평지에 이르렀고 가나안 땅에 들어가기 전 거기에서 하나님의 말씀을 전했다. 그는 충실한 말씀의 사역자였다.

모세의 설교는 모세 자신과 이스라엘 백성 모두에게 중요했다. 왜냐하면 모세는 이스라엘과 함께 가나안 땅에 들어가지 못할 뿐만 아니라 그 설교가 그들에게 권면할 마지막 말이었기 때문이다. 그래서 신명기는 일종의 유언과도 같았다. 모세는 하나님의 뜻과 말씀에 따라 그곳까지 자신이 인도해 온 이스라엘 백성이 약속의 땅 가나안에 들어가 하나님이 택하신 백성으로 복된 삶을 살며 세상을 향한 하나님의 계획을 위해 귀하게 쓰임 받기를 진정으로 바랐다. 그래서 자신의 설교를 통해 그러한 삶을 살 수 있는 길을 제시했다.

다른 한편으로, 이스라엘 백성에게 모세의 설교가 중요했던 것은, 그것은 가나안 땅에서 그들의 미래와 관계가 있었기 때문이다. 곧 이스라엘 백성이 약속의 땅 가나안에 들어가서 하나님의 복을 받아 누리며 살려면, 그들은 하나님의 계명을 잘 지키고 모세의 설교를 따라 살아야 했다. 그래서 그들은 모세의 설교에 귀를 기울여야 했다.

말씀을 들어라 그리고 행하라

모세는 흔히 "이스라엘아 들어라"(신 6:4)로 시작되는 쉐마(Shema, 신 6:4-9)의 말씀을 시작하기 전에 이렇게 말한다. "이스라엘아 듣고 삼가 그것을 행하라 그리하면 네가 복을 받고 네 조상들의 하나님 여호와께서 네게 허락하심 같이 젖과 꿀이 흐르는 땅에서 네가 크게 번성하리라"(3절).

하나님의 백성에게 있어서 하나님의 말씀의 들음과 행함은 하나님을 섬기는 삶과 관련하여 가장 근본적인 것으로 그 둘은 서로 나눌 수 없는 것이다. 당연히 하나님의 말씀을 듣는 것이 필수적이고 우선적인 것이지만 그것에 따라 행하는 것도 필수적인 것이다. 그것이 바로 모압 평지에서 모세의 설교를 통해 주어지는 하나님의 말씀을 듣고 있던 이스라엘 백성이 직면한 문제였고 과제였다. 모세의 설교는 이스라엘 백성을 향한 하나님의 뜻을 담고 있었지만 동시에 약속의 땅에서의 그들의 미래의 모습도 포함하고 있었다. 이스라엘 백성에게 있어서 하나님의 말씀은

"삶의 진정한 본질을 푸는 열쇠"(토마스 G. 롱)였다. 따라서 이스라엘 백성은 모세의 설교를 들으며 있는 그대로 하나님의 말씀을 받고 그대로 행할 필요가 있었다. 그들이 모세의 설교를 신뢰하고 그것을 따르면 가나안 땅에서 그들의 미래가 안정되고 복될 수 있지만 그렇지 않을 경우에는 불안정한 처지에 놓이게 될 것이다.

우리는 하나님의 말씀을 듣는 바른 태도에 대한 좋은 예를 예레미야 42장에서 볼 수 있다. 거기에는 가레아의 아들 요하난과 그와 함께 했던 군대 지휘관들과 여러 사람들이 예레미야에게 나아와 그에게 자신들이 마땅히 갈 길과 해야 할 일을 알 수 있도록 하나님께 기도해 달라고 부탁하는 장면이 나온다. 그러면서 그들은 이렇게 말한다. "우리가 당신을 우리 하나님 여호와께 보냄은 그의 목소리가 우리에게 좋든지 좋지 않든지를 막론하고 순종하려 함이라 우리가 우리 하나님 여호와의 목소리를 순종하면 우리에게 복이 있으리이다"(6절).

그들이 명확하게 말하듯이, 하나님의 사람들은 하나님의 말씀이 자신들에게 좋든지 좋지 않든지 간에, 맘에 들든지 맘에 들지 않든지 간에, 유익하든지 유익하지 않든지 간에 그대로 순종하는 자세가 필요하다. 왜냐하면 그것은 하나님의 말씀이기 때문이다. 그것이 말씀을 듣는 자의 바른 태도이고, 모세의 설교를 듣고 있던 이스라엘 백성이 지녀야 할 바른 자세였다. 그래야 그들이 하나님이 선물로 주신 약속의 땅 가나안에 들어가 복을 누릴 수 있었다.

설교, 하나님의 말씀으로 받아라

사도 바울은 실루아노와 디모데와 함께 데살로니가 교인들에게 쓰는 편지에서 이렇게 말한다. "이러므로 우리가 하나님께 끊임없이 감사함은 너희가 우리에게 들은 바 하나님의 말씀을 받을 때에 사람의 말로 받지 아니하고 하나님의 말씀으로 받음이니 진실로 그러하도다 이 말씀이 또한 너희 믿는 자 가운데에서 역사하느니라"(살전 2:13).

여기서 바울은 설교 또는 말씀 전하기와 관련하여 두 가지 중요한 사실을 언급한다.

첫째, 설교는 단순히 사람의 말이 아니라 하나님의 말씀, 곧 하나님이 사람—설교자 또는 말씀을 전하는 자—을 통해서 하시는 말씀임을 인정한다는 것이다. 그것은 전하는 자와 받는 자 모두에게 동일하게 적용되는 것이었다. 곧 사도 바울은 자신이 전하는 말이 단순히 자기가 지어낸 것이 아니라 하나님의 말씀을 전하는 것이라고 확신했고, 그 말씀을 듣는 데살로니가 교인들도 그와 같았다는 것이다. 그들은 바울이 전하는 말을 하나님의 말씀으로 받았다. 그래서 그들 사이에는 하나님의 말씀의 교통이 있었다.

둘째, 설교를 통해 전해진 말씀은 믿는 자 가운데서 역사한다는 것이다. 히브리서 저자는 "하나님의 말씀은 살아 있고 활력이 있어 좌우에 날선 어떤 검보다도 예리하여 혼과 영과 및 관절과 골수를 찔러 쪼개기까지 하며 또 마음의 생각과 뜻을 판단"(히 4:12)한다고 말한다. 실제로, 하나님의 말씀은 살아 있고 활력이 있어서 그 말씀을 하나님의 말씀으로 받아들이고 그것에 순종하는 사람들에게는 놀랍게 역사한다. 히브리서 저자 자신이 그것에 대한 좋은 예이고 사도 바울 또한 그것의 증인이다.

모압 평지에서 이스라엘 백성에게 하나님의 말씀을 설교하는 모세 자신도 하나님의 살아있고 활력 있는 말씀에 의해 변화를 받고 하나님의 사람으로 쓰임 받은 사람이다. 만일 그에게 하나님의 말씀이 주어지지 않았다면 그리고 그가 그 말씀을 받아들이지 않았다면, 하나님의 사람으로서의 모세는 존재할 수 없었을 것이다. 마찬가지로, 이스라엘 백성이 자신들 안에서 하나님의 말씀이 역사하게 하려면, 그들은 모세가 설교를 통해 전하는 말을 살아 있고 활력 있는 하나님의 말씀으로 받아야 했다.

오늘날은 '설교의 홍수시대'라고 불리곤 한다. 인터넷이나 방송에는 설교가 흘러넘친다. 그러다 보니 설교의 가치가 땅에 떨어져 버렸다. 그러한 현상의 이면에는 말씀을 전하는 설교자들의 책임도 적지 않게 있다. 게으르고 무책임하게도 전심으로 말씀을 연구하지 않음으로써 "하나님의 살아 있고 활력 있는 말씀"을 죽어 있고 활력 없고 무력한 말로 만드는 경우가 적지 않으니 말이다.

오늘날 여러 가지 이유로, 여기저기에서 설교의 무용론도 제기되지만, 그럼에도 하나님의 백성에게 설교는 귀하고 꼭 필요한 것이다. 왜냐하면 설교는 하나님의 말씀을 전하는 것, 더 정확히는 하나님의 말씀을 증언하는 것이고 "하나님의 음성에 관한 것"(토마스 롱)이기 때문이다. 그래서 하나님의 말씀인 성서에 근거한 설교는 신뢰할 수 있다.

존 스토트(John Stott)는 설교의 필요성과 중요성을 강조하면서 각각 이렇게 말한다. "설교는 기독교에 있어서 필수불가결한 것이다. 설교가 없다면 기독교의 진정성의 필수적인 부분을 잃어버린 것과 마찬가지다. 기독교란 그 본질 자체에 있어서 하나님의 말씀의 종교이기 때문이다."

> 나는 설교를 믿는다(I believe in preaching). 그리고 더 나아가서 교회의 건강과 생명력을 회복시키고 그 회원들을 그리스도 안에서 성숙하게 하는 데에는 참되고 성경적이며 현대에 맞는 설교의 회복 이상 좋은 것이 없다고 믿는다…오늘날 설교의 임무는 굉장한 수고가 따르는 일이기도 하다. 그러므로 연구와 설교 준비에 더 많은 시간을 들이고, 또한 진실하고도 열심히, 용기와 겸손을 갖고 설교하기로 결심해야 할 하나님의 소명이 새롭게 우리에게 다가오는 것이다.

스토트가 올바르게 진술하듯이, 설교는 기독교의 필수적인 부분이다. 설교가 없다면 교회는 하나님의 말씀의 활력을 호흡하지 못하게 될 것이고 결국 영적으로 피폐해질 것이다.

설교의 기본적이고 근본적인 의미는 "증언"이다(롬). 설교는 하나님과 그분의 말씀을 증언하는 것이다. 그래서 회중은 증인/증언자로서의 설교자를 통해 성경으로 가며(롬), 증언으로서의 설교를 통해 말씀 속에 담긴 자신들을 향한 하나님의 뜻을 듣게 된다. 따라서 증언으로서의 설교는 하나님의 말씀으로서의 성서를 현재화한다. 하나님은 설교를 통해 과거 자기 백성에게 주신 생명의 말씀을 오늘 자기 백성에게 현재화하신다. 그때 거기의 말씀을 지금 여기의 말씀으로 만든다. 어제의 말씀을 오늘의 말씀으로 만든다.

이처럼, 설교의 자리는 현재다. 그리고 설교의 초점은 두 가지, 곧 과거에 대한 회상과 미래에 대한 전망이다. 진리의 영 보혜사 성령의 감동으로 기록된 하나님의 말씀인 성서를 가지고 현재의 자리에서 과거와 미래를 동시에 생각하는 것, 현실에서 과거를 회상하고 동시에 미래를 내다보는 것이 설교이다. 그것이 모세가 신명기에서 하나님의 말씀을 전하는 방식이었다. 그는 자신의 설교를 시작하면서 모압 평지라는 현실적 자리에서 하나님이 자신들을 위해 행하신 과거의 일들을 회상하고 동시에 앞으로 하나님이 행하실 미래의 일과 그것에 응답하여 이스라엘 백성이 해야 할 일을 전했다.

그와 같이 모세의 설교에는 이스라엘을 향한 하나님의 뜻과 그들이 응답해 가야 할 미래의 모습이 함께 담겨져 있었다. 하나님의 백성의 삶은 언제나 자신들을 향한 하나님의 말씀과 그것에 대한 응답적 삶으로 이루어진다. 그것의 일치 정도에 따라 믿음의 정도(유무)와 삶의 복됨이 결정되고 평가된다. 이스라엘 백성이 가나안 땅에 들어가 살아가게 될 삶의 좋음과 나쁨에 대한 하나님의 평가는 바로 그것에 따라 달라질 것이다. 물론, 그것은 오늘 우리에게도 동일하게 적용되는 것이기도 하다.

19

모세의 설교(1):
이스라엘 백성의 삶을 위한 신학적 토대

　모세의 세 편의 설교로 이루어진 신명기는 성서에서 뿐만 아니라 이스라엘 역사에서 신학적으로 매우 중요한 위치를 차지한다. 왜냐하면 신명기에 나타난 신학사상은 이스라엘 민족이 가나안 땅에 들어갈 때부터 하나님의 백성으로서의 그들의 공동체적 삶을 지배하는 지도 원리가 되었기 때문이다. 모세는 경계지역인 모압 평지, 곧 요단 동편에서 이 설교를 할 때 그런 목적을 가지고 하나님의 말씀을 전했다.

　약속의 땅 가나안에서의 이스라엘의 미래는 하나님이 모세를 통해 주시는 말씀의 내용을 그들이 얼마만큼 준수하느냐에 달려 있었다. 그들이 하나님의 말씀에 철저하게 순종하면 그들의 미래는 밝고 평안하겠지만, 그렇지 않는다면 가나안 땅에서의 그들의 안전과 평안은 확보될 수 없었다.

그래서 이스라엘 백성은 요단 이편-모압 평지-에서 선포되는 메시지에 귀를 기울이고 그것을 마음에 새기고 기억하면서 자자손손 계속해서 전함으로써 그들이 하나님과의 언약관계 안에서 살아야 하는 백성임을 상기하도록 해야 했다. 그렇지 않을 경우, 그들과 그들의 후손들은 하나님이 선물로 주신 땅을 잃어버리고 그곳에서 추방될 수 있는 그런 책임과 운명을 지니고 있었다.

신명기적 역사 이해와 역대기적 역사 이해

구약성서는 이스라엘의 역사와 관련하여 두 가지 종류의 역사 기록을 가지고 있다. 하나는 "신명기 역사"-여호수아, 사사기, 사무엘상/하, 열왕기상/하-이고, 다른 하나는 "역대기 역사"-역대기상/하, 에스라, 느헤미야-이다. 누가 이 두 역사를 기록했는지는 정확히 알 수 없지만 독특하게도 그들은 각기 자신들의 신학적 입장에서 이스라엘 역사를 이해하고 해석하면서 기록했다. 그래서 신명기 역사와 역대기 역사는 중복되면서도 신학적 이해와 해석과 강조점의 차이로 인해 이스라엘의 역사 기록이 적지 않게 다르다.

신명기 역사는 이스라엘이라는 국가의 형성, 왕국시대(통일왕국과 분열왕국시대) 그리고 포로시대의 과정을 기록하고 있다. 이 역사를 "신명기 역사"라고 부르는 것은 그것이 신명기에 나타난 신학적 입장, 곧 신명기 신학에 근거하여 역사를 이해하고 기록했기 때문이다.

신명기 역사이해에는 몇 가지 중요한 신학적 주제들 또는 특징들이 있는데, 그것들은 신명기의 모세 설교에 분명하게 제시되어 있다. 그것들은 하나님의 말씀에 순종하라는 것, 곧 하나님의 계명/토라를 철저하게 지키라는 것, 유일하신 참 신이신 하나님만을 전인으로 사랑하고 그분만을 섬기라는 것, 우상숭배를 금하고 오직 하나님만을 섬기는 순수한 신앙을 가지라는 것, 가나안 땅에 들어가면 예배는 한 곳에서 드리라는 것: 예배장소의 단일화 또는 중앙화, 하나님의 백성으로 서로 사랑하면서 공의와 정의의 공동체가 되라는 것, 순종/복과 불순종/심판의 메시지: 인과응보의 교리 등이다.

신명기 신학의 중심 사상은 유일신 사상, 신앙의 순수성, 예배 장소의 단일화/중앙화, 토라에 순종하면 복을 받고 불순종하면 형벌을 받는다는 것이며, 신명기 사가의 역사해석의 기본 구조는 4단계로 이루어지는데, 그것은 죄, 징벌, 회개 그리고 구원이다. 이것은 이스라엘 역사를 이해하고 해석하는 아주 중요한 틀이다.

반면에 역대기 역사는 왕국시대(통일왕국과 분열왕국시대), 바벨론 포로시대 그리고 포로지에서 귀환한 이스라엘 공동체와 그들에 대한 에스라와 느헤미야의 신앙개혁 시대를 기록하고 있다. 이런 점에서, 역대기 역사는 구체적인 역사적 상황에서 기록된 상황적인 문헌으로 볼 수 있는데, 이스라엘은 바벨론으로부터 귀환했지만 여전히 독립국이 되지 못하고 페르시아 제국의 지배를 받았고 그 기간 동안 이스라엘의 역사는 어둠의 시기였다. 그 기간에 역대기 역사가 기록되었는데, 특히 그것의 바탕에는 다윗왕가와 예루살렘의 제의에 대한 큰 관심이 있었다. 장일선은 이스라엘의 역대기 역사와 관련하여 이렇게 말한다. "역대기 사가는 포로기 이후 귀환 공동체의 '자아확립'을 위해 다윗의 후손인 온 이스라엘이

야훼의 법을 지키는 것만이 새로운 시대를 살아갈 수 있는 생활철학이라고 판단하여 역대기 역사서를 통한 생활 지침을 제시한 것으로 보여진다."

이처럼, 구약성서에는 두 개의 역사 기록이 있다. 그러나 두 역사 기록이 모두 가치가 있음에도 불구하고 지금까지 성찰해 온 출애굽과 시내산 언약의 관점에서 볼 때 그리고 연대기적으로 불 때, 이스라엘 국가의 형성과 이스라엘 백성의 삶의 양태를 담고 있는 신명기 역사가 더 근본적이며 본질적이라고 말할 수 있다. 그리고 국가형성과 이스라엘 백성의 삶을 위한 성서적, 신학적 지도 원리는 모세의 설교로 구성된 신명기의 신학사상에 있기 때문에 모세의 믿음, 삶 그리고 지도력에 초점이 맞추어진 이 글은 신명기 역사의 관점에서 기술한다.

계명과 순종: 새로운 세대를 위한 십계명

모세는 이스라엘 자손을 향한 첫 번째 설교를 시작하면서 시내산에서 모압까지 걸어온 그 동안의 여정을 회상한 후에(1:6-3:29), 자신을 통해 주어지는 하나님의 계명을 듣고 준행할 것을 말한다(4:1-40). 특히, 모세는 규례와 법도에 대한 자신의 가르침이 자신의 하나님이 명하신 것이라고 말함으로써 그 모든 것이 단순히 자신의 말이 아니라 하나님으로부터 온 하나님의 말씀임을 분명하게 밝힌다(5절). 그리고 자신이 그렇게 가르치는 것은 이스라엘 자손이 약속의 땅에 들어가서 그대로 행하도록 하기 위함이라고 말한다(5절).

하나님의 계명을 지키는 것은 신명기가 가르치는 가장 근본적인 교훈이자 하나님의 언약 백성으로서의 이스라엘이 지니는 가장 큰 책임이다. 계명 준수는 이스라엘 백성의 정체성의 바탕이다. 이것은 시내산에서 하나님과 이스라엘 백성 사이에 맺어진 언약에 근거하는데, 그래서 모세는 이스라엘 출애굽 2세대들에게 하나님의 규례와 법도를 지킬 것을 명하면서 당시를 회상하며 말한다(10절).

모세는 하나님이 이스라엘 자손과 언약을 맺으셨고 그들이 가나안 땅에 들어가 지켜야 할 십계명을 주셨다고 언급하면서, 만일 이스라엘 백성이 하나님이 주실 땅에서 하나님께 악을 행하면 망하고 전멸될 것이지만(25-26절), 하나님의 계명을 지키며 살면 그들과 그들의 후손이 복을 받아 하나님이 주신 땅에서 오래 살게 될 것임을 강조한다(40절). 이것은 신명기 전체를 관통하는 모세의 설교의 핵심 포인트이며 향후 이스라엘 민족의 운명을 결정짓게 될 신학사상이다.

그런 이유로, 모세는 이스라엘 백성을 불러 그들과 언약갱신을 촉구한다. 이것이 모세의 두 번째 설교의 시작이다. 여기에서 모세는 하나님이 호렙산, 곧 시내산에서 이스라엘 백성–출애굽 1세대–과 맺은 언약은 과거의 것이 아니라 그 자리에서 설교를 듣고 있는 출애굽 2세대인 이스라엘 자손과 맺은 것이라고 말하면서 언약맺음을 현재화한다("우리 하나님 여호와께서 호렙 산에서 우리와 언약을 세우셨나니 이 언약은 여호와께서 우리 조상들과 세우신 것이 아니요 오늘 여기 살아 있는 우리 곧 우리와 세우신 것이라"[5:2-3]). 그리고는 시내산에서 받은 십계명을 다시 선포한다. 그런 다음, 좌로나 우로나 치우치지 말고 하나님이 명령하신 대로 자자손손 평생 동안 하나님을 경외하면서 하나님의 계명을 지켜 하나님이 주실 약속의 땅에서 오래도록 복된 삶을 살기를 촉구한다(5:32-6:4).

우리는 여기에서 하나님의 말씀과 관련하여 중요한 교훈 하나를 얻는다. 하나님의 말씀/계명의 자리는 언제나 "현재"라는 것이다. 출애굽 1세대들에게는 과거 시내 광야가 "토라의 자리"였듯이, 출애굽 2세대들에게는 현재 모압 평지, 곧 요단 이편과 저편의 경계지역이 "토라의 자리"라는 것이다(브루그만). 모세는 경계지역에서 과거의 토라를 현재의 토라로 전한다. 마찬가지로, 이스라엘 자손들은 과거 자기 조상들에게 들려진 토라를 현재 자신들의 토라로 들었다. 이런 점에서 볼 때, "선물로서 주어진 삶을 사는 이스라엘"에게 있어서 "생활양식"으로서의 토라는 "인간의 행동을 속박하거나 강제 또는 통제하려는 것이 아니라, 이스라엘이 야웨와 땅과의 관계 속에서 가지고 있는 역사성을 지키려는 것"이었다고 말할 수 있다(브루그만). 모세는 그것을 설교했다. 이것이 하나님의 말씀의 능력이고 모든 설교의 원리이다.

마찬가지로, 현재 우리들 삶의 자리가 "하나님의 말씀의 자리"이다. 과거 이스라엘 2세대들이 하나님의 말씀 앞에 새롭게 섰던 것처럼, 오늘 우리도 하나님의 말씀 앞에 서서 우리에게 계속해서 새롭게 들려지는 하나님의 말씀을 들어야 한다. 그럴 때만, 하나님의 말씀은 "살아 있고 활력"(히 4:12) 있는 말씀으로 우리 안에서 역사할 수 있다.

약속의 땅을 바르게 이해해라: 너희에게 가나안 땅이란?

모세는 이스라엘 자손에게 설교하면서 그들이 들어가 살게 될 땅을 가리켜 계속해서 "여호와께서 너희에게 주시는 땅"(4:1)이라고 말한다. 하나님은 시내산에서 계명을 주실 때 이미 그렇게 말씀하신 바 있다("네 부모를 공경하라 그리하면 네 하나님 여호와가 네게 준 땅에서 네 생명이 길리라"[출 20:12]). 이것은 땅의 공급자와 수혜자가 누구인가를 분명하게 명시한다. 땅의 공급자는 이스라엘 백성을 애굽에서 해방하신 창조와 구속의 주 하나님—우주만물의 진정한 주인이신 하나님—이고, 수혜자는 그 하나님에 의해 형성된 이스라엘 백성이라는 것이다.

이렇듯, 가나안 땅과 관련하여 땅을 주시는 분은 하나님이다. 그리고 땅을 받는 사람들은 이스라엘 백성이다. 이스라엘 백성은 본래 땅이 없는 백성이었다. 그래서 나그네와 같은 정처 없는 인생들이었다. 그런 그들에게 하나님이 땅을 주신다. 그래서 이스라엘 백성에게 그 땅 가나안은 "여호와께서 너희에게 주시는 땅"이다. 그리고 하나님이 그것을 주시는 순간 그것은 선물이 된다. 선물이 되되, 그것의 소유권은 여전히 하나님께 있다. 왜냐하면 하나님은 모든 것을 지으시고 그것의 소유권을 가지고 계시며(시 24:1) 그분의 피조물로서의 인간은 다만 청지기들이기 때문이다. 하나님의 피조물로서의 인간은 그것들을 선물로 제공받고 동시에 그것에 대한 청지기적 책임도 부여받는다. 이스라엘 백성 중 누구도 약속의 땅 가나안의 그러한 성격을 무시하거나 왜곡시킬 수 없다.

그런 이유로 "이스라엘에게 있어서 땅은 주위의 다른 나라들처럼 이해되어서는 안 되는 것이다. 그것은 이스라엘이 해마다 새롭게 배우고 깨달아야 할 교훈이다"(브루그만). 만일 이스라엘 백성이 자신들에게 선물로 주어진 땅이 갖는 그러한 특수한 성격을 망각하게 되면, 하나님은 그들로부터 땅을 다시 빼앗으실 것이다. 하나님의 은혜에 근거한 땅 얻음에서 하나님의 심판에 의한 땅 잃음으로 내몰릴 것이다(불행하게도 후에 이스라엘 백성은 계속해서 하나님께 불순종함으로써 그렇게 된다).

하나님이 이스라엘 백성에게 약속하신 젖과 꿀이 흐르는 땅 가나안은 하나님이 자신의 구원계획을 이루시기 위해서 그들에게 선물로 주신 것이다. 그래서 만일 그들이 하나님과의 언약을 깨면 하나님은 언제든지 그들에게서 그 땅을 도로 찾으시고 그들을 그 땅에서 내쫓으실 수가 있었다. 브루그만은 이 점을 다음과 같이 명쾌하게 말한다. "신명기의 가장 완전한 결론은 선물로서 주어진 땅이 강제된 공간(Coerced Space)이 될지도 모른다는 데에 있다. 약속의 상속자들은 추방의 역사에 참여하는 자들이 될지도 모르는 것이다(신 8:20)". 모세는 그것을 잘 알고 있었고 그래서 그들에게 말씀 준수를 강조하고 또 강조했다. 이러한 강조점은 신명기에 있는 그의 설교를 통해서 분명하게 드러난다. 그것이 신명기 신학의 핵심 요소이다. 모세는 이런 신학적 틀을 바탕으로 자신의 설교를 통해 하나님의 메시지를 전한다.

이렇듯 하나님으로부터 선물로 받은 땅과 관련하여 이스라엘에게 요구되는 두 가지 중요한 것이 있었는데, 그것은 하나님의 말씀에 귀를 기울이는 것과 듣게 되는 말씀을 기억하는 것이다. 본질적인 의미에서 장차 이스라엘 백성이 가나안 땅에 들어가 사는데 있어서 하나님의 말씀/토라/계명은 그들이 가진 가장 중요한 자산이고 기억은 그들이 지닌 주된 자원이다(브루그만). 이 두 가지는 서로 밀접하게 관련되어 있다. 우리는 먼저 말씀을 들어야 한다. 그래야 기억할 내용을 갖게 된다. 그러나 듣기만 하면 들은 말씀을 망각하게 된다. 그것을 다시 듣고 되새기면서 계속해서 상기해야 한다. 그래야 들은 말씀이 살아 있는 말씀으로 기억되어 계속해서 우리 속에서 작용할 수 있게 된다.

그래서 모세는 "이스라엘아 들으라"(신 6:4)고 호소했고, "오늘 내가 네게 명하신 이 말씀을 너는 마음에 새기고"(5절)라고 선포했다. 이스라엘의 미래가 하나님의 말씀을 듣고 기억하는 것에 달려 있었기 때문이다. 이것은 우리에게도 동일하다. 우리는 계속해서 하나님의 말씀을 들어야 하고 들은 말씀을 기억하기 위해 계속해서 상기할 필요가 있다. 그러는 과정을 통해서 우리는 하나님의 말씀의 사람이 되고 하나님의 말씀은 우리 안에서 생명력 있는 말씀이 된다.

20

모세의 설교(2):
약속의 땅에서 하나님과 함께 하는 삶을 위하여

어느 날, 한 율법사가 예수님께 나아와 시험할 의도로 율법 중에서 어느 계명이 가장 큰지를 물었다. 그 때 예수님은 두 가지를 말씀하셨는데, 하나는 "네 마음을 다하고 목숨을 다하고 뜻을 다하여 주 너의 하나님을 사랑하라"(마 22:37)는 것이었고, 다른 하나는 "네 이웃을 네 자신 같이 사랑하라"(39절)는 것이었다. 예수님은 이 두 말씀을 각각 신명기 6장 5절("너는 마음을 다하고 뜻을 다하고 힘을 다하여 네 하나님 여호와를 사랑하라")과 레위기 19장 18절("네 이웃 사랑하기를 네 자신과 같이 사랑하라")에서 인용하셨다.

이 두 계명은 근본적인 의미상 십계명을 요약한 것과 같다. 십계명은 두 부분으로 나뉘는데, 1-4계명은 하나님과 관련된 계명-하나님 사랑에 관한 계명-이고, 5-10계명은 동료 인간, 곧 이웃과 관련된 계명-이웃 사랑에 관한 계명-이다. 하나님은 시내산에서 모세를 통해 이스라엘 백성에게 십계명을 주실 때 그들이 이 두 가지 사랑을 실천하기를 의도하셨다. 물론, 본질적으로 하나님 사랑은 인간 사랑/이웃 사랑에 우선한다. 하나님 사람 없는 이웃 사랑은 인본주의가 된다. 오늘날 이것이 문제다. 하나님이 빠지면, 세상은 인간이 주인이 된다. 성서는 그런 세상을 죄와 사망 가운데 있는 세상이라고 부른다. 그것은 심판이 운명인 세상이다.

모세는 신명기 5장에서 시내산에서 하나님으로부터 받은 십계명을 출애굽 2세대들에게 다시 선포할 때 이 두 가지 계명을 지킬 것을 의도했다. 특히, 모세는 과거에 시내산에서 받은 십계명을 출애굽 1세대들이 과거에 받은 것으로 간주하여 그것을 상기시키려 한 것이 아니라 오히려 그것을 현재화했다. 하나님이 지금 그들에게 주시는 것으로 말했다.

우리 하나님 여호와께서 호렙 산에서 우리와[모세와 출애굽2세대] 언약을 세우셨나니 이 언약은 여호와께서 우리 조상들과 세우신 것이 아니요 오늘 여기 살아 있는 우리[모세와 출애굽2세대] 곧 우리와 세우신 것이라 여호와께서 산 위 불 가운데에서 너희[출애굽2세대]와 대면하여 말씀하시매 그 때에 너희[출애굽2세대]가 불을 두려워하여 산에 오르지 못하므로 내가 여호와와 너희[출애굽2세대] 중간에 서서 여호와의 말씀을 너희[출애굽 2세대]에게 전하였노라.(신 5:2–5)

모세가 출애굽 2세대들에게 십계명을 현재화하여 선포한 것은 하나님이 선물로 주실 약속의 땅에서 그들도 동일하게 하나님을 사랑하고 이웃을 사랑하는 삶을 살게 하기 위함이었다. 그러므로 우리는 모세의 설교를 통해 전해지는 하나님의 메시지에 귀를 기울일 때 그 두 차원을 모두 생각할 필요가 있다.

그런 이유로 여기서는 하나님 사랑-하나님과 함께 하는 삶-과 관련된 메시지를 성찰해 볼 것이다. 그리고 다음 장에서는 이웃 사랑-이웃과 함께 하는 삶-과 관련된 메시지를 성찰해 볼 것이다.

유일하신 하나님만을 사랑하고 경외하고 섬겨라

모세를 부르시고 이스라엘 백성의 지도자로 세우신 하나님은 이스라엘 백성에게 자기 와에 다른 신을 섬기지 말라고 명령하셨다. 왜냐하면 이 우주 가운데 야웨 하나님만이 유일하신 참 신이기 때문이다. 실제로, 유일신론은 이스라엘 백성의 가장 중요한 개념이었다(아놀드/베이어).

모세는 하나님으로부터 받은 말씀과 자신의 경험을 바탕으로 이스라엘 자손들을 향하여 "우리 하나님 여호와는 오직 유일한 여호와이시"(신 6:4)라고 말하면서, 이러한 유일신 사상을 하나님 사랑의 토대로 제시한다(5절). 모세는 유일신 사상과 관련하여 이미 신명기 4장 39절에서 "너는 오늘 위로 하늘에나 아래로 땅에 오직 여호와는 하나님이시요 다른 신이 없는 줄을 알아 명심하"라고 선포했다. 훗날 이스라엘 자손이 바벨로 포로지에 있게 될 때, 하나님은 이사야 선지자를 통해서 자신의 유일신 되심을 확언하셨다. "이스라엘의 왕인 여호와, 이스라엘의 구원자인 만군의 여호와가 이같이 말하노라 나는 처음이요 나는 마지막이라 나 와에 다른 신이 없느니라"(사 44:6). 그 하나님은 후에 이 세상을 죄와 사망 가운데서 인류를 구원하시기 위해 성자 예수 그리스도를 보내신다(요

3:16-17).

신명기 6장 4절의 "우리 하나님 여호와는 오직 유일한 여호와"라는 말씀은 문자적으로는 "주 우리의 하나님, 주는 한 분"(the Lord our God, the Lord is one)이다. 하나님은 숫자적으로 하나, 곧 한 분이라는 것이다. 이 것은 옛날이나 지금이나 종교 다원적인 사상을 가지고 살아가는 사람 들이 싫어하는 신앙적 배타성을 포함하고 있고 다신교와 다신론(polythe-ism)을 완전히 배제시킨다. 하나님은 십계명의 제1계명–"너는 나 외에는 다른 신들을 네게 두지 말라"(출 20:3; 신 5:7)–에서 명하듯이, 자신에 대한 온전하고 전적인 사랑을 요구하신다. 오직 하나님께만 온전히 헌신하 라는 것이다.

그들이 전인으로 하나님을 사랑해야 하는 이유는 신이신 하나님은 한 분 밖에 없기 때문이다. 이것은 신명기 6장 5절 말씀–"너는 마음을 다하 고 뜻을 다하고 힘을 다하여 네 하나님 여호와를 사랑하라"–을 통해서 분명해지는데, 윌리엄 라솔(William S. LaSol)과 그의 동료들이 말하는 것처럼 이런 사랑에는 다른 신에게 헌신할 여지가 전혀 없다. 이처럼, "이스라엘 백성은 오직 여호와만 신실하게 사랑해야 했다. 이는 종교적 측면에서 그 들이 우상숭배를 하지 않는 것을 의미한다. 그들은 오로지 여호와만 경 배해야 한다"(데스몬드 알렉산더).

그리고 이스라엘 백성의 이 사랑은 자자손손 이어가야 할 '사다리' 사 랑 또는 '이어달리기' 사랑이다. 그래서 모세는 이스라엘 백성을 향하여 그들이 약속의 땅 가나안에 들어가면 그들과 그들의 자녀들과 그들의 자녀들의 자녀들은 오직 야웨 하나님만을 경외하고 섬기라고 강조한다

(신 6:2). 그것이 이스라엘 백성이 약속의 땅에서 하나님과 함께 살아가는 삶의 방식이다. 그렇지 않으면 하나님이 그들에게 주신 약속의 땅에서 망할 것이라고 강조했다.

유일신 사상-하나님은 한분이시다-은 야웨 하나님만을 전적으로 사랑하고 하나님을 경외하고 하나님만을 섬기는 것을 가능하게 한다. 이 세상에 다른 신은 없기 때문이다. 하나님을 사랑하는 것은 존재하지도 않는 다른 신을 헛되이 섬기지 않는 것이고 그런 사랑은 영적으로 순수한 사랑이다. 모세는 자신의 설교를 통해 그 점을 강조했다.

모세의 이러한 강조는 이스라엘 백성을 영적으로 바로 세우려는 것이었는데, 이스라엘 백성이 영적으로 바로 서는 조건은 하나님에 대한 사랑과 경외였다(아놀드/베이어). 그리고 야웨 하나님에 대한 전적인 사랑과 경외 그리고 섬김은 이스라엘 백성의 밝은 미래와 관련이 있었다. 그들이 약속의 땅에서 하나님을 전적으로 사랑하고 경외하며 바르게 섬기면 그들의 미래는 보장되겠지만, 그렇게 하지 않는다면 그들의 미래는 안전을 확보하지 못할 것이다.

너희는 한 곳에서 함께 예배하라

신명기는 한 분 하나님, 하나의 백성, 하나의 땅, 하나의 성소 그리고 하나의 율법을 가진 이스라엘 백성에 대해서 말한다(롱맨/딜러드). 그 바탕은 믿음이다. 믿음이라는 존재방식이 없었다면 이스라엘 백성은 존재할 수 없었다.

이스라엘 백성은 한 분 하나님에 의해 하나의 백성으로 형성되면서 율법을 받고 젖과 꿀이 흐르는 땅을 약속받았다. 그리고 그 땅으로의 진입을 목전에 두고서 모세로부터 그곳에서 어떻게 살아가는 삶이 하나님의 백성으로의 바른 삶인지에 대해 설교를 듣고 있다.

그 출발점은 한 분 하나님을 믿고 사랑하고 그분의 말씀에 절대 순종하는 것이다. 그리고 그러한 삶의 기본적인 형태는 예배이며, 그러한 예배는 한 백성이 한 곳에서 드려야 한다고 신명기는 강조한다. 하나님은 이스라엘을 자신의 백성으로 선택하여 삼으셨고 또한 그들 모두가 가나안에서 자신을 예배할 장소를 선택하셨다. 신명기 12장 5-7절은 이렇게 말한다.

> 오직 너희의 하나님 여호와께서 자기의 이름을 두시려고 너희 모든 지파 중에서 택하신 곳인 그 계실 곳으로 찾아 나아가서 너희의 번제와 너희의 제물과 너희의 십일조와 너희 손의 거제와 너희의 서원제와 낙헌 예물과 너희 소와 양의 처음 난 것들을 너희는 그리로 가져다가 드리고 거기 곧 너희의 하나님 여호와 앞에서 먹고 너희의 하나님 여호와께서 너희의 손으로 수고한 일에 복 주심으로 말미암아 너희와 너희의 가족이 즐거워할지니라.

이러한 예배장소의 단일화 또는 중앙화는 하나님의 한 백성으로 흐트러짐 없이 하나님을 섬기도록 하기 위함이었을 것이다. 이와 관련하여, 롱맨과 딜러드는 이렇게 말한다.

하나님께서 한 백성을 택하신 것처럼 그는 또한 한 장소를 선택하시고, 그곳에서 드려질 예배의 성격을 규정하실 것이다. 그가 선택한 곳에서 하나님이 지시하는 방법으로 하나님께 예배를 드리는 것은 이스라엘의 언약적인 충성의 한 부분이었다. 이것은 하나님을 위해 성결하게 구분되어진 귀한 백성(7:6; 14:2; 26:18)으로서의 이스라엘의 지위를 국가적인 차원에서 반영하고 있는 것이다.

이스라엘 백성은 약속의 땅에 들어가면 하나님의 구속함을 받은 이스라엘 백성 전체가 하나님이 정하신 한 곳에서 자신들의 과거를 기억하면서 정기적으로 창조와 구원의 주 하나님을 "함께" 예배해야 했다. 그것이 하나님의 말씀에 순종하는 것이고 자신들을 위한 하나님의 미래를 품는 것이었다. 그들이 그러한 예배의 삶을 잃어버리면 하나님의 심판을 받게 될 것이다.

복과 저주: 순종과 불순종의 결과들

신앙의 본질은 순종이다. 순종은 하나님의 말씀/계명을 존중하여 철저하게 지키는 것이다. 이것은 성서 전체를 통해 흐르는 핵심 사상이다. 그런 이유로, 그것은 오경 전체뿐만 아니라 신명기의 핵심 사상이기도 하다. 모세의 설교의 핵심 메시지이다.

실제로, 하나님을 섬기는 신앙에서 사랑과 순종은 나뉘지 않는다. "진정한 사랑은 완전한 순종으로 드러난다. 바꿔 말하면 불순종은 하나님을 사랑하는 데 실패하였음을 의미한다(참조, [신] 13:3)"(알렉산더). 하나님이 주신 약속의 땅에서 살아가게 될 이스라엘 자손은 "삶의 모든 분야에서 순종을 나타내어야 한다. 언약적 신실성은 추상적인 종교적 준수가 아니라 매일의 삶 속에서 나타나야 하는 것이다"(아놀드/베이어).

이스라엘이 하나님의 말씀에 순종해야 할 언약적 책임을 지닌다는 것은 이스라엘이 자신들의 책임을 수행할 때와 수행하지 않을 때의 결과가 다르다는 것을 의미한다. 이스라엘 백성이 하나님의 말씀에 순종하면 복을 받을 것이지만 불순종하면 벌을 받게 될 것이다. 데스몬드 알렉산더는 이렇게 말한다.

> 이스라엘은 하나님이 주신 모든 의무와 완전히 순종해야 한다. 순종은 부요함과 나라의 안전을 보장해 주지만, 불순종은 반대의 결과를 초래하여 약속의 땅에서 추방되는 결과를 가져올 것이다. 이스라엘과 하나님과의 언약을 갱신하고자 할 때, 모세는 이스라엘 앞에 "생명과 사망·복과 저주"(신 30:19)라는 중요한 선택을 제시한다.

실제로, 모세는 자신의 두 번째 설교에 속하는 신명기 28장에서 이것을 분명하게 말한다.

> 네가 네 하나님 여호와의 말씀을 삼가 듣고 내가 오늘 네게 명령하는 그의 모든 명령을 지켜 행하면 네 하나님 여호와께서 너를 세계 모든 민족 위에 뛰어나게 하실 것이라 네가 네 하나님 여호와의 말씀을 청종하면 이 모든 복이 네게 임하며 네게 이르리니…네가 만일 네 하나님 여호와의 말씀을 순종하지 아니하여 내가 오늘 네게 명령하는 그의 모든 명령과 규례를 지켜 행하지 아니하면 이 모든 저주가 네게

임하며 네게 이를 것이니.(1-2, 15)

　모세가 복과 저주를 함께 말하는 것은 이스라엘 백성으로 하여금 반드시 하나님의 법을 지키라고 강조하는 일종의 호소라고 볼 수 있다. 그럼에도 불구하고 모세는 복보다는 저주에 대해 더 길게 언급하는데, 그 이유는 아마도 모세가 이스라엘의 미래를 비관적으로 보고 또 그들이 불순종할 가능성이 더 크다고 생각했기 때문일 것이다(웬함).

　복과 저주에 대한 모세의 설교는 분명 조건적이다. 인과응보의 교리가 담겨져 있다. 이스라엘은 둘 중 하나를 선택해야 했다. 그리고 그들의 미래는 하나님의 은혜와 그들의 선택의 자유안에서 전적으로 그들의 선택에 달려 있었다. 그들이 하나님의 말씀에 순종하면 그들의 앞날은 복되고 영광스럽게 될 것이지만 불순종하면 재앙을 받아 불행하게 될 것이다. 이스라엘 백성은 완전한 지도자이신 하나님의 인도를 받을 때만 사망의 길이 아닌 생명의 길로 갈 수 있었다.

　여기서 한 가지 생각해 볼 필요가 있는 것은 이스라엘이 하나님의 말씀에 순종하는 조건이 꼭 복을 받기 위한 것이 되어서는 안 된다는 것이다. 왜냐하면 그들의 존재는 본질적으로 하나님의 은혜에 근거하기 때문이다. 하나님의 무조건적인 은혜와 사랑과 선택이 없었다면, 그들은 존재할 수 없었다. 이런 점에서, "우리가 창조, 약속 그리고 해방에서 드러난 하나님의 자기 계시를 진지하게 받아들일 때, 우리는 언약을 하나님이 이미 행하신 것에 대한 응답으로 적절하게 이해할 수 있다. 하나님의 계명에 대한 순종은 신적 명령(fiat)에 대한 복종이 아니라 신적 은혜에 대한 응답이다"라는 브루스 버치(Bruce C. Birch)의 말은 참으로 옳다. 이스라엘은 하나님과 함께 행복한 사람들이었고(신 33:29), 복된 사람들이었다.

하나님과 이스라엘 백성의 관계는 사랑과 충성/충실이라는 두 기둥에 근거한다(알렉산더). 이스라엘을 사랑하신 하나님은 그들과의 관계에서 언제나 자신의 언약에 충실하셨다. 하나님은 이스라엘을 애굽의 종살이에서 해방하시고 시내산에서 그들과 언약을 맺으시고 광야를 통해 모압 평지까지 그들을 인도하시는 동안 자신의 언약과 말씀에 충실하셨다. 자신의 언약 백성에 대한 하나님의 충실성은 현저하다. 그렇다면 이스라엘도 마땅히 하나님을 사랑하고 그분께 충실해야 한다. "언약 관계는 이스라엘 족속이 여호와를 사랑하는 책임을 수반한다"(알렉산더). 하나님이 자신들에게 "충실한 언약의 파트너"(Birch)이셨던 것처럼, 그들도 하나님께 충실한 언약의 파트너가 되어야 함은 당연한 것이다.

하나님이 선물로 주신 약속의 땅에서 이스라엘이 계속해서 하나님의 거룩한 백성으로 존재하려면, 그들은 거기에서 계속해서 하나님의 말씀에 순종하는 삶을 살아야 한다. 그런 이유로, 이스라엘 자손들은 모세가 요단 동편에서 "들으라"라고 말했을 때 그의 설교를 통해 들려오는 하나님의 말씀에 자신들의 귀를 기울여야 했다.

마찬가지로, 그리스도인이 그리스도인다움을 유지하고 또 교회가 교회다움을 유지하려면 그리고 그리스도인과 교회가 내적으로 그리고 외적으로 하나님의 생명력을 지니고 세상 가운데서 빛과 소금의 역할을 감당해 가려면 우선적으로 언제나 하나님의 말씀에 귀를 기울여야 한다. 그리스도인과 교회 안에 하나님의 말씀이 살아 움직여야만 그들의 미래가 밝고 영광스럽게 될 수 있다.

21

모세의 설교(3): 약속의 땅에서
이웃과 함께 하는 삶을 위하여

앞 장에서 언급한 대로, 이스라엘 백성은 약속의 땅에 들어가면 두 가지 관계에서 살아야 했다. 하나는 하나님과의 관계이고, 다른 하나는 믿음의 공동체 안에 있는 이웃과의 관계이다. 그 관계의 기본적인 방식은 사랑이다. 하나님에 대한 사랑은 특히 믿음-순종-을 통해서 구현되고, 이웃에 대한 사랑은 다른 사람을 바르게 대하는 것-정의-을 통해 구현된다. 그래서 이웃 사랑은 이스라엘이 하나님의 백성으로 매일의 삶에서 만나게 되는 다른 사람들과 맺어야 할 관계방식을 잘 요약해 준다고 할 수 있다(라솔과 그의 동료들).

우리는 앞 장에서 하나님 사랑-하나님과 함께 하는 삶-과 관련된 메시지를 성찰해 보았다. 여기서는 이웃 사랑-이웃과 함께 하는 삶-과 관련된 메시지를 성찰해 보려고 한다.

너희는 하나님의 백성이다

이스라엘 백성은 "여호와와의 언약 속에 있는 백성으로서 존재"하며 "그 속에서 그 국가적인 특징을 얻는다"(롱맨/딜러드). 이것은 하나님이 이스라엘 민족을 애굽의 종살이에서 해방시키시고 그들과 시내산에서 언약을 맺으심으로써 가능하게 되었다. 그들은 하나님과의 언약을 통해 이스라엘 민족, 곧 하나님의 백성으로 새롭게 태어난 것이다.

모세는 자신의 설교를 통해 이 점을 강조했다. 이스라엘은 하나님의 백성, 그것도 거룩한 백성이라는 것이다. 그는 이렇게 말한다.

> 너는 여호와 네 하나님의 성민이라 네 하나님 여호와께서 지상 만민 중에서 너를 자기 기업의 백성으로 택하셨나니…여호와께서 다만 너희를 사랑하심으로 말미암아, 또는 너희의 조상들에게 하신 맹세를 지키려 하심으로 말미암아 자기의 권능의 손으로 너희를 인도하여 내시되 너희를 그 종 되었던 집에서 애굽 왕 바로의 손에서 속량하셨나니 그런즉 너는 알라 오직 네 하나님 여호와는 하나님이시요 신실하신 하나님이시라 그를 사랑하고 그의 계명을 지키는 자에게는 천 대까지 그의 언약을 이행하시며 인애를 베푸시되.(신 7:6, 8-9)

하나님의 백성. 이것은 이스라엘 민족의 정체성의 근간이자 그들의 특별한 신분이다. 그리고 그 신분은 하나님으로부터 부여받은 것이다. 만일 이스라엘이 자신들의 이러한 신분과 정체성을 망각하게 되면, 그들은 타락하게 되고 약속의 땅을 잃게 될 것이다. 그러므로 그들은 계속해서 자신들의 신분과 정체성을 기억하고 또 그러한 사실을 되새길 필요가 있었다. 그들은 계속해서 스스로 "우리는 누구인가?"라고 묻고 "우리는 하나님의 백성이다"라고 대답해야 했던 것이다.

하나님의 사람들이 자신의 정체성과 신분을 분명히 인식하고 계속해서 되새기는 것은 성서 전체를 관통하는 중요한 관심사이다. 모세가 자신의 설교를 통해서 이스라엘 백성에게 그들은 하나님의 백성이라는 것을 상기시켰듯이, 신약도 마찬가지이다. 바울은 디모데에게 "오직 너 하나님의 사람아 이것들을 피하고 의와 경건과 믿음과 사랑과 인내와 온유를 따르며 믿음의 선한 싸움을 싸우라 영생을 취하라 이를 위하여 네가 부르심을 받았고 많은 증인 앞에서 선한 증언을 하였도다"(딤전 6:11-12)라고 말했다. 바울은 디모데의 영적 신분을 상기시키면서 그에 합당한 행동을 하도록 촉구한다.

또한 베드로는 출애굽기 20장을 회상하면서 소아시아 주변에 흩어져 살아가는 믿음의 사람들을 향해 "너희는 택하신 족속이요 왕 같은 제사장들이요 거룩한 나라요 그의 소유가 된 백성이니 이는 너희를 어두운 데서 불러내어 그의 기이한 빛에 들어가게 하신 이의 아름다운 덕을 선포하게 하려 하심이라"(벧전 2:9)고 권면한다. 베드로 역시 자신의 편지의 수신자들에게 그들의 정체성과 신분을 확언하면서 그들이 존재하는 목적을 상기시킨다.

우리는 우리가 누구인지를 정확하게 인식하고 기억할 때 그에 합당한 삶을 영위해 갈 수 있게 된다. 그래서 모세는 이스라엘 백성이 약속의 땅에 들어가기 전에 그들에게 설교할 때 그들이 그곳에 들어가 살아갈 때 거기에서 그들이 어떤 사람들로 살아가야 할 것인지를 재확인시켜 주었다.

정의와 공의의 공동체가 되라

8세기에 북이스라엘에서 활동했던 아모스 선지자는 하나님의 말씀을 받아 이스라엘 백성을 향해 "오직 정의(justice)를 물 같이, 공의(righteousness)를 마르지 않는 강 같이 흐르게 할지어다"(암 5:24)라고 외쳤다. 정의와 공의. 이것은 하나님의 백성이 다른 사람들과 함께 살아갈 때 이루어가야 할 삶의 관계방식이다. 이것은 정확히 이스라엘 백성이 시내산에서 하나님과 맺은 언약의 근간이고 이스라엘 백성이 약속의 땅에서 서로를 향한 삶과 관련하여 모세가 모압 평지에서 전한 메시지의 핵심 내용이다. 그리고 이스라엘 역사에서 약 4백년간 활동했던 예언자들의 핵심 메시지이기도 하다.

아모스 선지자가 이스라엘 백성을 향해 그렇게 외친 것은 당시 그들에게는 정의롭고 공의로운 삶이 없었기 때문이다. 그들은 모세가 요단 동편 곧 모압 평지에서 그들의 조상에게 선포했던 하나님의 말씀을 요단 서편 곧 약속의 땅 가나안에서 그대로 행하지 않았다. 그것은 결국 그들이 하나님의 심판을 받아 바벨론에 포로로 잡혀가게 되는 하나의 이유가 되었다.

모세는 자신의 설교를 통해 하나님을 공의롭고 정의로운 하나님으로 선포한다(신 10:18; 32:4). 그리고 하나님의 그러한 속성/본성에 근거하여 이스라엘 백성으로 하여금 공의롭고 정의로운 백성이 되도록 촉구한다. 특히, 모세는 공의/정의로운 삶과 하나님의 계명 준수를 연결시킨다. 하나님의 모든 명령을 하나님 앞에서 지키면 그것이 의로움이라는 것이다(신 6:25). 그것은 정확히 시내산 언약을 제대로 지키는 것이다.

언약은 기본적으로 정치적이 아니라 예전적(liturgical)이다(Birch). 곧 언약은 우선적으로 하나님을 섬기는 것과 관계가 있다. 이것이 언약의 핵심적이고 근본적인 특징이다. 그러나 언약은 또한 사회적이었다. 그래서 정치적이기도 했다. 다시 말해서, 언약은 하나님의 백성으로서의 다른 사람들과 바른 관계 안에서 살아가는 것과도 관계가 있었다. 시내산 언약의 이 측면, 곧 이스라엘 백성의 대인관계적 삶은 정의와 공의가 그 특징인데, 정의와 공의는 언약사회에서 이스라엘 자손에게 요구되는 것을 함축하는 용어들이다(Birch).

모세는 "너는 마땅히 공의만을 따르라 그리하면 네가 살겠고 네 하나님 여호와께서 네게 주시는 땅을 차지하리라"(신 16:20)고 강조한다. 정의와 공의를 지향하는 이러한 "구체적인 사회적 현실(reality)로서의 삶은 이스라엘의 경험 속에서 하나님이 이미 모형을 만드신 특징을 나타내는 것이다"(Birch).

이스라엘이 하나님을 경외하고 섬기면서 자신들의 삶 속에서 동료 인간들에 대해 정의와 공의가 가득한 세상을 만들어가는 것은 하나님이 이스라엘 백성에게 의도하신 대안적인 삶이다. 하나님은 이스라엘을 대안 사회, 대안 공동체로 부르셨다. 이와 관련하여, 버치는 이렇게 말한다.

> 이스라엘은 진정 세상에서 대안 공동체로서의 삶을 위해 구별 지어졌다. 그러나 그 대안적 삶은 이스라엘의 하나님의 대안적 실재(reality)에 근거한다. 이스라엘은 다른 민족들과 같지 않아야 한다. 왜냐하면 그들의 하나님이 다른 신들(gods)과 같지 않기 때문이다. 이러한 신학적 토대가 기억되고 갱신되는 것은 예배에서다.

이스라엘의 이러한 삶의 모습을 잘 그려내는 말씀이 아모스와 동시대에 활동했던 미가 선지자가 전한 말씀이라고 여겨진다. "사람아 주께서 선한 것이 무엇임을 네게 보이셨나니 여호와께서 네게 구하시는 것은 오직 정의를 행하며 인자를 사랑하며 겸손하게 네 하나님과 함께 행하는 것이 아니냐"(미 6:8).

하나님을 나타내는 삶

이 세상에서, 더 정확히는 약속의 땅 가나안에서 대안 공동체로서의 이스라엘 백성이 하나님에 대한 믿음에 근거하여 하나님의 뜻에 합당한 대안적인 삶을 살아가면 그 과정에서 그들을 해방시키시고 백성으로 삼아주신 하나님이 드러나시게 된다(그것이 하나님이 자신의 백성을 부르시고 형성하시는 이유와 목적이다). 하나님은 자신의 백성을 통해 나타나시고 영광을 받으신다(그것이 참된 영적 지도력이다). 세상에 영향을 줄 수 있는 이러한 대안적인 삶은 거룩한 삶이다. 거룩한 삶은 오직 하나님의 백성들만이 살 수 있는 영적 삶이다.

하나님을 나타내는 삶과 거룩한 삶은 하나다. 모세는 이스라엘 백성을 가리켜 하나님이 "그의 거룩한 백성이 되게"(신 26:18) 하셨다고 말하면서 이렇게 설교했다. "그런즉 여호와께서 너를 그 지으신 모든 민족 위에 뛰어나게 하사 찬송과 명예와 영광을 삼으시고 그가 말씀하신 대로 너를 네 하나님 여호와의 성민이 되게 하시리라"(19절).

인간은 본래 창조주 하나님의 형상(image)을 따라 지음 받은 존재로서 그의 의무는 창조주 하나님을 그분이 지으신 세상에 나타내며 (image) 살도록 의도되었다. 인간이 하나님의 형상을 따라 지음을 받고 또 그분의 형상을 지니고 산다는 것은 하나님을 그분의 세상에 나타내면서 산다는 것을 의미한다. 그것이 인간의 본분이었다. 그러나 인간은 하나님께 저항하고 타락하면서 그런 삶을 상실했다. 그 후로 인간은 허망한 생각을 품으며 "마음에 하나님 두기를 싫어"한다(롬 1:21,28).

하나님은 이런 타락한 세상에서 자신을 나타낼 수 있는 한 백성을 형성하셨다. 이스라엘이다. 그래서 하나님의 해방하시는 은혜를 통해 애굽에서 구속함을 받아 자유롭게 되고 또 약속의 땅을 선물로 받은 이스라엘 백성도 동일한 책임을 부여받았다. 그들은 자신들의 삶을 통해 하나님을 나타내야 했다. 그것은 이스라엘 백성이 시내산에서 하나님과 맺은 언약에 담겨 있는 중요한 특징 중 하나였다(알렉산더).

그들이 하나님을 나타내는 방식은 하나님의 백성다운 삶을 통해서다. 하나님의 백성다운 삶은 하나님 안에서 서로 사랑하는 삶이다. 거룩한 삶이다. 정의와 공의를 실천하는 삶이다. 알렉산더는 이것을 이렇게 기술한다. "그들[이스라엘 백성]은 날마다 하나님의 의롭고 자비로운 성품을 나타내며 살아야 한다."

이러한 주장은 구약성서의 독특한 신앙이해에서 비롯된다. 존 드레인(John Drane)이 기술하듯이, "구약신앙은 이스라엘 백성의 공동의 역사로부터 나왔다. 이것은, 구약신앙은 일상생활의 일 가운데서 검증될 수 있다는 것을 의미했다. 그것은 하나님에 관한 추상적인 사색(speculations)이 아니다…이스라엘의 신앙과 이스라엘의 생활양식은 분리될 수 없었다."

그는 이어서 이렇게 말한다.

> 하나님은 역사와 자연 속에서 자신의 행위로 자신의 사랑과 관심사는 인간 삶의 모든 영역까지 미친다는 것을 보이셨다. 마찬가지로, 이스라엘의 경험의 모든 면은 하나님에 대한 그들의 헌신(commitment)에 의해 영향을 받아야 했다. 하나님과 그분의 백성 사이의 관계는 예배 형식적(cultic) 근거를 가질 뿐만 아니라 도덕적 근거도 가지고 있어야 했다. 하나님에 대한 민족의 응답은 단지 그들이 믿는 것에서가 아니라 그들이 행하는 방식에서 보여야 했다.

불행하게도 이스라엘 백성은 그들이 약속의 땅에 들어가서 살아갈 때 이방 종교에 빠지고 또 하나님을 나타내는 대신 자신들을 나타내는 삶을 살다가 심판을 받게 되었다.

이스라엘 백성이 가나안 땅에서 그리고 하나님의 창조세계에서 자신들의 존재와 삶을 통해 창조주 하나님을 나타내는 것은 일종의 지도력 역할이다. 왜냐하면 세상이 그들의 삶을 보면서 하나님을 인식하고 믿을 수 있게 되기 때문이다. 그래서 이스라엘 백성은 자신들의 삶을 통해 세상 사람들을 영적으로 하나님께 인도할 책임이 있었다. 이것은 이스라엘 백성의 공동체적 지도력의 책임이다. 이스라엘이 존재하는 것은 그들 스스로를 위한 것이 아니라 세상 가운데 하나님을 나타내는 것이며 모든 민족에게 하나님의 복의 통로가 되는 것이다. 그러한 지도력의 토대는 거룩한 삶, 곧 정의와 공의가 현실인 삶이다.

이것은 예전이나 지금이나 마찬가지이다. 믿음과 관련하여 세상에 영향을 줄 수 있는 것은 믿음에 근거한 거룩한 삶이다. 그래서 예수님은 이렇게 말씀하셨다. "이같이 너희 빛이 사람 앞에 비치게 하여 그들로 너희 착한 행실을 보고 하늘에 계신 너희 아버지께 영광을 돌리게 하라"(마 5:16). 착한 행실은 거룩한 삶이다. 예전에 이스라엘 백성에게 그러한 삶이 필요했던 것처럼, 오늘 우리 그리스도인들과 교회에도 그런 삶이 필요하다. 세상과는 구별되고 다른 거룩한 삶을 통해 하나님을 나타내는 것이다.

행복한 사람들: 하나님이 우리의 광야 여정을 돌보셨다

모세는 애굽에서 이스라엘 민족을 이끌어낸 후 광야를 지나 모압평지에 이르러 광야 여정을 마무리 짓는 자리에서, 그리고 자신의 설교를 마무리 지으면서 이스라엘 백성들에게 이렇게 선포한다. "이스라엘이여 너는 행복한 사람이로다 여호와의 구원을 너 같이 얻은 백성이 누구냐 그는 너를 돕는 방패시요 네 영광의 칼이시로다"(신 33:29). 이것은 모세의 설교의 마지막 부분이며 그의 설교의 결론이기도 하다.

그의 설교의 결론은 적절하다. 그리고 영적 지도자로서 하나님의 백성을 올바르게 이끌고 있다. 왜냐하면 거기에는 과거에 대한 회상과 미래에 대한 전망이 함께 있기 때문이다. 앞서 언급한 바 있듯이, 그 두 요소 –회상과 전망–는 신앙생활의 본질적인 요소이다. 하나님의 사람들은 언제나 현재의 삶의 자리에서 과거에 하나님이 자신들을 위해 행하신 일을 회상하고 또 미래에 자신들을 위해 행하실 일을 전망하는 일을 멈추지 않아야 한다. 그래야 하나님을 경외하는 삶을 잃어버리지 않을 수 있게 된다. 믿음의 사람들이 하나님이 과거에 자신들을 위해 행하신 일을 잊어버리면 교만하게 되는 반면에, 미래에 자신들을 위해 행하실 일을 바라지 못하면 믿음의 길을 확신 있게 걸어가지 못하고 중도에 포기하거나 방종하게 된다.

그런 이유로 먼저 모세는 이스라엘 백성으로 하여금 하나님이 과거에 그들을 위해 행하신 일을 추억하게 한다. 그리고 그것에 근거하여 미래의 승리를 확신하게 한다. 하나님이 함께 하셨던 과거와 하나님이 함께 하실 미래를 보도록 이끌어주고 있다. 영적 지도자의 올바른 인도이다.

영적 지도자는 언제나 희망을 전해야 하고 따르는 사람들로 하여금 미래에 대한 희망을 품을 수 있게 해야 한다.

다른 한편으로, 이스라엘 백성이 하나님의 구원과 희망을 얻는 방법은 하나님의 구속의 은혜를 기억하고 하나님의 말씀을 충실히 따르는 것이다. 그래서 모세는 계속해서 하나님을 기억하고 하나님의 명령을 지키라고 강조했다. 그런 이유로, 모세는 신명기 8장 1절에서 "내가 오늘 명하는 모든 명령을 너희는 지켜 행하라 그리하면 너희가 살고 번성하고 여호와께서 너희의 조상들에게 맹세하신 땅에 들어가서 그것을 차지하리라"고 말하면서, 이스라엘 백성으로 하여금 하나님이 그들에게 사십 년간의 광야 길을 걷게 하신 것을 기억하도록 촉구한다. 하나님이 광야 길에서 그들을 낮추시고 주리게 하시고 또 만나를 먹이신 것은 "사람이 떡으로만 사는 것이 아니요 여호와의 입에서 나오는 모든 말씀으로 사는 줄을" 알게 하시기 위함이라고 말한다(3절).

실제로, 그들은 하나님의 은혜 가운데 사십 년간 의복이 헤어지지 않았고 발이 부르트지 않았다. 그러므로 그들은 하나님을 기억해야 한다. 만일 그들이 그토록 하나님의 은혜를 입었음에도 하나님을 잊어버리고 다른 신들을 섬기면 그들은 반드시 멸망할 것이다.

하나님과 함께 이스라엘 백성은 진정 행복한 사람들이었다. 그들은 그 때까지 하나님의 크고 놀라운 구원의 은혜를 입었을 뿐만 아니라 머지않아 하나님의 보호하심과 인도하심을 따라 하나님이 주신 약속의 땅에 들어가 복된 삶을 살아갈 수 있게 될 것이기 때문이다. 또한 그들은 모세와 같은 훌륭한 영적 지도자와 함께 하며 약속의 땅으로 가는 순례여행을 해 올 수 있었기 때문이다.

모세는 자신의 설교를 마치고 느보 산에 올라 여리고의 맞은편에 있는 비스가 산꼭대기에 선다. 그때 하나님은 그에게 요단 동편의 길르앗 온 땅과 요단 서편의 땅을 죽 보여주셨다. 그리고는 이렇게 말씀하셨다. "이는 내가 아브라함과 이삭과 야곱에게 맹세하여 그의 후손에게 주리라 한 땅이라 내가 네 눈으로 보게 하였거니와 너는 그리로 건너가지 못하리라"(신 34:4). 모세는 하나님의 말씀대로 약속의 땅으로 들어가지 못하고 하나님의 약속을 품은 채 모압 땅에서 죽어 그곳의 한 골짜기에 장사되었다. 그리고 하나님이 이스라엘 백성에게 주신 약속은 차세대 지도자인 여호수아와 함께 실현된다.

영적 지도력은 언제나 하나님의 통제를 받는다. 하나님의 통제를 벗어나는 모든 지도력은 영적 가치를 상실하고 세속적 지도력으로 전락하고 만다. 그래서 영적 지도력의 바탕은 믿음이고 인간의 영적 지도력은 언제나 하나님의 지도력을 따를 때만 의미와 가치가 있다. 이런 점에서, 모세의 영적 지도력은 탁월했다. 의미와 가치도 충분했다. 그는 하나님의 지도를 충실히 따르면서 이스라엘 백성을 인도했기 때문이다. 참된 영적 지도력은 따름에 근거한 인도이다. 하나님의 인도를 따르면서 하나님이 맡겨주신 백성을 인도하는 것이다.

그는 진정 탁월한 영적 지도자였다. 그래서 그는 신명기의 마지막 부분에서 자신에게 주어지는 멋진 찬사, 더할 나위 없는 찬사를 받기에 충분하다.

그 후에는 이스라엘에 모세와 같은 선지자가 일어나지 못하였나니 모세는 여호와께서 대면하여 아시던 자요 여호와께서 그를 애굽 땅에 보내사 바로와 그의 모든 신하와 그의 온 땅에 모든 이적과 기사와 모든 큰 권능과 위엄을 행하게 하시매 온 이스라엘의 목전에서 그것을 행한 자이더라.(신 34:10-12)

22

하나님의 사람 모세에게 배우는 믿음과 삶 그리고 지도력

　이스라엘 민족의 지도자 모세, 그는 탁월한 지도자였다. 특히, 모세는 이스라엘 민족과 관련하여 최초의 지도자이자 최고의 지도자라고 불릴 수 있다. 그를 최초의 지도자라고 부를 수 있는 것은 하나님의 백성으로서의 이스라엘은 출애굽과 함께 시작되었기 때문이다. 그 이전에는 하나님의 사람들은 하나님과 개인적으로 동행하면서 살았다. 그 관계에서 하나님 자신이 직접적인 지도자이셨다.

　그리고 비록 하나님의 구체적인 역사가 아브라함과 함께 시작되었을지라도, 지도력은 공동체적 개념이라는 이해–비록 자기 지도력(self-directed leadership)이 가능하고 또 필요할지라도–에서 볼 때, 모세 이전에는 그런 형태의 지도력이 없었기 때문이다. 아브라함으로부터 하나님의 백성의 개념이 발생하지만 백성의 형성과 존재는 출애굽에서부터 비롯되었고, 그런 이유로 실제적으로 공동체 지도력의 온전한 형태는 모세로부터 기인한다고 말할 수 있다.

다른 한편으로, 모세를 최고의 지도자라고 말할 수 있는 것은 이스라엘 역사에서 그만한 지도자를 찾아볼 수 없기 때문이다. 비록 다윗이 이스라엘 역사에서 큰 역할을 수행하고 더욱이 하나님이 주신 언약-다윗 언약-에 따라 이스라엘 역사에서 상징적인 위치를 점유하지만, 지도력과 관련하여 최고의 지도자는 단연 모세라고 말할 수 있다.

따라서 우리는 이스라엘 백성의 탁월한 지도자였던 모세가 그들을 약속의 땅으로 인도해 가는 여정을 바탕으로 그로부터 믿음의 삶에 근거한 영적 지도력에 대한 중요한 교훈을 얻을 수 있다.

진정한 영적 지도자로서의 믿음의 사람 모세

모세는 하나님의 부르심을 받고 이스라엘 백성을 노예의 땅 애굽에서 약속의 땅 가나안으로 인도해가는 지도자였다. 이런 점에서, 그는 정치적, 행정적 그리고 종교적 지도자였다. 뿐만 아니라 그는 예전적 의미에서도 종교적 지도자이기도 했는데, 그러나 그것은 그에게 일시적인 역할이었다.

오히려 하나님은 모세가 아닌 그의 형 아론과 그의 아들들을 제사장으로 세우시고 그들로 하여금 종교적 지도자의 역할을 수행하게 하셨다 (출 28:1). 제사장 위임식이 나오는 레위기 8장을 보면 모세가 하나님의 명령에 따라 아론과 그의 아들들에게 제사장 위임식을 거행함으로써 예전 중심의 종교지도자의 역할은 그들이 수행하게 되었다. 그리고 모세는 종교 예전적 직임과 관련해서는 더 이상 그 역할을 수행하지 않았다.

쉽지 않을 수 있고 또 때론 명확하게 선을 긋기가 어려울 수 있을지라도, 우리는 종교 지도자와 영적 지도자를 구별할 필요가 있다. 종교 지도자는 종교 지도자이면서 영적 지도자이어야 하지만 종교 지도자가 반드시 영적 지도자는 아닐 수 있고 또 종교 지도자가 아닐지라도 영적 지도자로서의 삶을 살 수 있기 때문이다(이 경우에 믿음은 본질적인 것이다. 신자가 아닌 영적 지도자는 있을 수 없기 때문이다). 블랙커비는 영적 지도력과 관련하여 "'영적 리더십'이란 하나님의 방법으로 사람과 조직을 이끌려는 리더를 통칭하는 것으로, 교회뿐 아니라 기업에서도 필수다"라고 말하면서 "영적 리더십은 사람들을 움직여 하나님의 일을 하게 하는 것이다"라고 정의한다.

다른 한편으로, 앨런 넬슨(Alan E. Nelson)은 각각 이렇게 말한다. "영적 지도력은 영적이면서 지도자들인 사람들을 필요로 하며, 자신들이 하나님을 의지하는 방법과 자신들이 이끄는 방법을 통합하는 사람들을 필요로 한다." "영적 지도자들은 하나님의 나라를 위해 그리고 그리스도의 교회를 위해 특별한(extraordinary) 일들을 성취하는 평범한(ordinary) 사람들이다."

이런 점에서 보면, 영적 지도력은 교회 안에만, 기독교 지도자에게만 해당되는 것이 아니라 교회 밖 세상에도, 모든 그리스도인에게도 해당되는 말이라고 할 수 있다. 기독교 지도자는 당연히 영적 지도력을 발휘해야 하지만 일반 신자들도 세상에서 영적 지도력을 발휘할 수 있고 또 발휘해야 하는 것이다.

영적 지도력은 영적인 하나님의 사람들이 하나님이 지으신 세상에서 그리고 하나님이 형성하신 신앙공동체인 하나님의 백성과 그리스도의 몸으로서의 교회에서 "인도하는 것" 또는 "이끄는 것"을 말한다(영적 지도력을 이렇게 이해할 때, 우리는 영적 지도력의 장을 교회 지도력과 세상 속의 지도력으로 구분해서 말할 수도 있을 것이다). 신자의 영적 지도력은 특별히 세상에서 하나님의 나라를 위한 하나님의 지도력을 섬긴다.

모세는 정확히 그러한 사람이었다. 모세는 하나님의 부르심을 받아 하나님을 위한 사역을 감당할 때 하나님의 계획과 뜻을 이루는 지도력을 발휘했다. 그의 지도력은 분명 하나님의 지도력을 섬겼다. 그래서 그는 마땅히 영적 지도자라고 불릴 만하다.

하나님의 사람 모세를 통해 배우는 믿음, 삶 그리고 영적 지도력

첫째, 영적 지도자(또는 사역자)**는 하나님 중심적이어야 한다.** 오브리 맬퍼스(Aubrey Malpurs)에 따르면, 지도력은 본질적으로 두 종류의 행동으로 이루어지는데, 하나는 과업(task)이고 다른 하나는 관계(relationship)이다. 과업행동(task behavior)은 사람들에게 부여된 목표(들)를 성취하는 것에 초점이 맞추어지고(행 20:24), 관계행동(relationship behavior)은 사람들이 자신들이나 다른 사람들과 관계를 맺는 방식에 초점이 맞추어진다(살전 2:7). 지도자가 올바른 지도력을 발휘하려면 이 두 가지 행동을 모두 고려해야 한다. 왜냐하면 "효과적인 지도력은 리더가 자신의 독특한 사역 상황이나 문화에서 과업행동과 관계행동을 어떻게 조화시키느냐에 달려 있기" 때문이다.

그러나 비록 기독교 지도력에서 이 두 가지 행동이 중요할지라도, 성서적 관점에서 볼 때 영적 지도력에는 더 근본적인 것이 있다. 하나님과의 관계, 즉 믿음이다. 세속적 지도자와는 달리, 영적 지도자의 근본 조건은 믿음이다. 믿음이 없다면, 기독교의 이름으로 행해지는 모든 지도력 행위는 헛되다. 그래서 "지도자는 믿음으로 살 뿐만 아니라 믿음을 행해야 하며, 믿음을 가질 뿐 아니라 믿음을 유지해야 하며, 믿음으로 충만할 뿐 아니라 신실해야 한다"(뱅크스/레드베터).

믿음이 영적 지도력의 토대라는 것은, 영적 지도자는 하나님 중심적이어야 한다는 것을 뜻한다. 왜냐하면 믿음은 하나님께 속하고 하나님과의 관계 방식이며 영적 지도자는 하나님의 부르심을 받아 그분의 사역을 섬기는 사람이기 때문이다. 영적 지도자는 항상 하나님과 관련하여 자신이 누구인가를 확인해야 한다. 이런 점에서, 로버트 뱅크스(Robert Banks)와 베니스 레드베터(Berniss M. Redbetter)의 다음의 말은 전적으로 옳다. "하나님과의 친밀한 교제를 통해 자신이 누구인가에 대한 분명한 인식을 가지는 것은 리더십의 출발점이다. 자신을 아는 것은 지도자에게 매우 중요하다."

모세는 하나님 중심의 지도력을 수행했다. 그의 삶과 사역 그리고 지도력의 중심에는 언제나 하나님이 있었다. 모세는 하나님과 관련하여 자신이 누구인가를 정확히 알고 있었고 그것을 잊지 않았다. 그리고 자신의 지도력은 하나님의 지도력을 섬기는 것이라는 것과 소명에 근거하여 자기의 뜻을 이루는 것이 아니라 하나님의 뜻을 이루는 것임을 늘 기억했다. 블랙커비는 영적 지도력의 최대 장애물을 하나님의 계획과 뜻을 따르지 않고 자기 생각을 추구하는 것이라고 말한다. 이런 점에서 보면, "영적 리더십의 핵심은 영적 리더가 자신과 자기 조직을 향한 하나님의 뜻을 깨닫는 것"(블랙카비)이라고 말할 수 있다. 모세는 하나님의 뜻을 깨닫고 그 뜻을 위해 자신의 지도력을 발휘했다. 그는 진정 하나님 중심의 영적 지도자였다.

둘째, 영적 지도자는 하나님의 부르심과 말씀에 충실하고 일관되어야 한다. 하나님 중심의 영적 지도자는 하나님의 부르심에 합당하게 행한다. 하나님의 말씀을 존중하고 그것에 철저히 순종한다. 그래서 하나님 중심의 영적 지도력의 특징은 '충실함'과 '일관성'이다. 영적 지도자는 하나님의 말씀을 되새기면서 자신이 받은 소명을 굳게 붙잡고 목적을 향해 충실하고 일관되게 전진해 간다.

영적 지도자로서의 사도 바울에게는 그런 삶이 있었다. 그는 자신의 사역을 시작할 때 이렇게 고백했다. "내가 달려갈 길과 주 예수께 받은 사명 곧 하나님의 은혜의 복음을 증언하는 일을 마치려 함에는 나의 생명조차 조금도 귀한 것으로 여기지 아니하노라"(행 20:24). 그리고 자신의 사역을 마무리할 때 이렇게 고백했다. "나는 선한 싸움을 싸우고 나의 달려갈 길을 마치고 믿음을 지켰으니 이제 후로는 나를 위하여 의의 면류관이 예비되었으므로 주 곧 의로우신 재판장이 그날에 내게 주실 것이며 내게만 아니라 주의 나타나심을 사모하는 모든 자에게도니라"(딤후 4:7-8). 그리스도를 따르는 그의 삶과 믿음의 공동체를 이끄는 그의 사역에는 처음부터 끝까지 충실함과 일관성이 있었다.

하나님의 사람 모세에게도 그런 삶이 있었다. 모세는 지도자로서의 하나님의 소명을 굳세게 붙잡고 충실하고 일관되게 자신의 지도력을 발휘했다. 그는 하나님과 친밀한 관계를 유지했고 늘 하나님의 말씀에 귀를 기울였고 그 말씀에 순종했으며 하늘을 향해 기도했다. 그리고 그런 삶을 토대로 이스라엘 백성 앞에 서서 그들을 약속의 땅으로 인도해 갔다. 케네스 보아(Kenneth Boa)는 모세와 관련하여 이렇게 말한다. "그는 하나님을 기쁘시게 하는 일에 모든 관심을 쏟아부었다." 모세는 진정 하나님 앞에서 그리고 하나님을 향해서 그런 삶을 살았다.

영적 지도자는 계속해서 하나님 앞에 서는 삶을 통해 겸손을 잃지 않고 자신의 역할을 바르고 충실하고 일관되게 수행해 갈 수 있게 된다.

우리는 하나님을 거부하는 세상에서 믿음의 사람으로 순탄하지 않은 인생길을 걸어갈 때 어떻게 하면 최대한 바르고 충실하고 일관되게 걸어갈 수 있을까? 하나님의 말씀을 존중하고 그분의 섭리와 선하신 인도를 인정하고(비록 어떤 상황에서는 그렇게 하는 것이 쉽지 않을지라도) 하나님의 말씀에 순종하면서 하나님이 주신 약속을 따라 영광된 미래의 시간을 바라보면서 오늘을 충실하게 살아가는 것이 아닐까? 우리는 모세의 믿음과 삶 그리고 지도력을 통해 중요한 통찰력을 얻을 수 있다.

셋째, 영적 지도자는 좋은 성품의 사람이어야 한다. 보아는 "사람들이 가장 바라는 리더의 덕목은 순전한 인격이다. 순전한 인격은 위선과 정반대다"라고 말한다. 블랙커비도 "한 사람을 리더 되게 하는 것은 성품이다"라고 말한다. 옳은 말이다. 성품 또는 인격은 됨됨이, 곧 인간됨을 뜻한다. 사회적으로든 영적으로든, 인간 됨됨이가 바르고 좋아야 좋은 지도자가 될 수 있다. 좋은 성품과 인격은 영적 지도자의 필수 요소요 영향력 있는 지도력의 토대이다.

모세는 좋은 신앙인이자 훌륭한 성품의 지도자였다. 그의 그런 성품은 하나님과의 만남과 또한 하나님과의 계속적인 관계를 통해서 형성되고 다듬어졌다. 왜냐하면 "영적 리더십은 사람의 선택이 아니라 하나님과 맺는 생생하고 친밀한 관계에서 비롯"되기 때문이고, 또 "영적 리더의 성장은 그의 삶 속에 역사하시는 하나님의 활동이 축적된 결과"이기 때문이다(블랙커비). 그런 이유로, 삶을 변화시키는 하나님과의 참된 만남을 가지지 못한 사람은 어디에서도 영적인 영향을 끼칠 수 없다. 영적 지도자가 될 수 없다. "영적"(spiritual)이란 말 자체가 신적 용어, 곧 하나님과 관련해서만 의미 있는 말이기 때문이다.

모세는 하나님과 영적으로 교통하는 삶을 통해 계속해서 영적 능력을 얻게 되었다. 오직 그것의 근원이신 "하나님과 함께 하는 개인적인 시간에서 오는"(넬슨) 영적 능력을 말이다. 이런 점에서 볼 때, 영적 삶에서 존재(being)는 행위(action)에 우선하는 것처럼, 영적 지도자에게 있어서 내적 삶은 외적 삶에 우선하며 바탕이 된다. 내적 형성이 없는 외적 형성은, 그리고 "내적 성장" 없는 "외적 변화"는 불완전하며 토대가 약하다(존 웨스터호프는 회심을 새로운 삶의 시작으로 보면서 외적 변화에 앞서 내적 성장이 우선적이며 중요함을 강조한다. 이것은 기독교적 영적 삶에서 외면보다는 내면이 더 중요함을 함의한다). 그래서 그런 지도자는 언제 무너질지 모른다.

모세는 좋은 성품을 지녔다. 모세의 좋은 성품의 틀은 그가 광야에서 하나님의 훈련을 받을 때 형성되기 시작했다. 그가 애굽의 왕궁에서 왕자로 살아갈 때는 세속적 당당함이 있었다. 그러나 그가 광야, 곧 하나님의 훈련학교에서 훈련을 받으면서 그런 당당함은 점점 줄어들었고 그 대신에 하나님으로부터 오는 영적 당당함이 생기게 되었다. 광야는 그를 내적으로 그리고 외적으로 왜소하게 만들었지만, 다른 한편으로 그에게 내성과 야성을 길러주었다. 거기에다 하나님의 부르심과 능력을 힘입음으로써 능력 있는 영적 지도자로서의 역할을 잘 감당할 수 있게 되었다. 이런 점에서, "모세가 영적 리더로서 성취할 수 있었던 것은 하나님과 깊은 관계 때문이었다"라는 블랙커비의 말은 전적으로 옳다.

좋은 성품과 인격은 그 자체가 지도력이고 영향력이다. 좋은 성품과 인격은 사람들의 마음을 움직이는 힘이 있다. 좋은 인격과 성품은 사람들의 마음을 끈다. 훌륭한 인격과 좋은 성품의 사람 주변에는 사람들이 모인다. 그래서 영적 지도자는 성품이 좋아야 하고 그러기 위해서는 끊임없이 자신의 성품을 개발해 가야 한다. 계속해서 "세상에서 썩어질 것을 피하여 신성한 성품에 참여하는 자"(벧후 1:4)가 되기 위해 하나님의 능력과 성품을 추구해야 한다. 그럴 때만 하나님께 바르게 쓰임 받을 수 있고 사람들을 얻을 수 있으며 그들로 하여금 자발적으로 따르게 할 수 있다.

영적 지도자가 자기의 좋은 성품과 인격을 개발하려면 겸손함이 필요하다. 겸손은 다른 사람을 존중하고 자기를 낮추며 내세우지 않는 태도를 말한다. 그런 태도를 가지고 유지하는 사람만 계속해서 자기의 성품과 인격을 개발해 갈 수 있다. 자기의 부족함을 느끼기 때문이다. 바울은 이것을 이렇게 말했다. "형제들아 나는 아직 내가 잡은 줄로 여기지 아니하고 오직 한 일 즉 뒤에 있는 것은 잊어버리고 앞에 있는 것을 잡으려고 푯대를 향하여 그리스도 예수 안에서 하나님이 위에서 부르신 부름의 상을 위하여 달려가노라"(빌 3:13-14). 겸손한 영적 지도자는 늘 내면 깊은 곳에서 "잡은 줄로 여기지 아니"한다. 자기의 부족을 알기 때문이다. 그래서 계속해서 "뒤에 있는 것은 잊어버리고 앞에 있는 것을 잡으려고 푯대를 향하여" 달려간다. 그런 달려감은 밝은 미래를 품고 겸손해야만 가능하다.

신앙 공동체는 좋은 성품과 인격을 지닌 영적 지도자가 필요하다. 그리고 세상을 향한 영적 지도자로 부르심을 받아 형성된 신앙 공동체로서의 교회도 좋은 성품과 인격을 갖출 필요가 있다. 왜냐하면 스탠리 하우어워스(Stanley Hauerwas)가 말하듯이 교회는 이 세상에 자신을 부르시고 형성하신 하나님의 성격/성품을 반영해야 하는 "성격의 공동체"(a community of character)이기 때문이다. 영적 지도자는 좋은 성품과 인격을 통해 공동체에 영향을 미치듯이, 교회도 좋은 성품과 인격을 통해 세상에 영향을 미칠 수 있어야 한다.

넷째, 영적 지도자는 겸손의 사람이어야 한다. 위에서 언급한 것처럼, 좋은 성품과 인격의 사람은 겸손한 사람이다. 좋은 성품과 겸손은 맞물려 있다. 좋은 성품에서 겸손이 나오고, 겸손은 좋은 성품을 강화한다. 더욱이, 겸손은 기독교 제자 됨의 중요한 덕목 중 하나이다. 예수님은 "어린 아이와 같이 자기를 낮추는 사람이 천국에서 큰 자"(마 18:4)라고 말씀하셨고, "자기를 높이는 자는 낮아지고 자기를 낮추는 자는 높아지리라"(눅 14:11)고 가르치셨다.

이런 말씀은 당시의 사회문화적 상황에서 보면 놀랍고 혁명적인 것이었다. 왜냐하면 그 시대의 이방사회에서 특히, 그레코-로만사회에서 겸손은 덕목이 아니라 악(vice)으로 여겨졌다. 예수님은 그런 시대의 사회문화적 상황과 맞지 않게 겸손을 강조하신 것이다. 왜냐하면 그것이 제자의 근본적인 태도이자 제자 됨의 본질적인 요소이기 때문이다.

겸손은 또한 기독교 지도력의 중요한 요소이다. 그것은 지도력과 반대되지 않으며 오히려 기독교 지도력의 성격을 분명하게 나타낸다. 기독교 지도력의 중요한 요소는 지도자가 어떻게 섬기는가, 곧 섬김의 방식인데, 그것은 겸손과 관련된다(Malphurs).

겸손은 하나님과 관련하여 자기 정체성에 대한 올바른 인식에서 비롯된다. 지도자가 자신의 존재와 소명을 분명하게 인식하면 할수록, 그는 겸손해질 수밖에 없다. 하나님을 믿는 사람으로, 그리고 그분의 부르심에 대한 분명한 의식을 지닌 사람으로 어느 누가 감히 하나님 앞에서 자신을 높일 수 있겠는가? 자기를 낮추는 것이 당연하다. 따라서 지도자는 늘 하나님의 말씀에 귀를 기울이면서 계속해서 자신의 신분과 위치를 재확인 받는 것이 필요하다.

모세는 그런 사람이었다. 그는 겸손의 지도자였다. 그는 하나님의 부르심을 받아 이스라엘 백성을 애굽에서 이끌어낼 때부터 요단 동편 모압 땅에서 하나님의 품에 안길 때까지 겸손을 잃지 않았다. 보아가 말하는 것처럼, 그는 이스라엘 민족의 지도자로서 그들을 이끌어갈 때 그는 항상 "배우는 자세"를 취했고 "지혜로운 조언"을 구했고 "권위에 기꺼이 복종"했으며 "특권 의식"을 품지 않았다. 모세가 그렇게 할 수 있었던 것은, 그는 늘 하나님을 생각했고 하나님의 말씀을 존중했으며 자신이 누구인가를 분명하게 인식했기 때문이다. 그런 그가 겸손한 지도자가 되는 것은 당연한 것이었다.

영적 지도자들은 늘 겸손하고 또 겸손한 마음을 잃지 않으려고 노력해야 한다. 계속해서 하나님의 은혜를 구하면서 부르심에 합당하게 사역을 해 가야 한다. 자신을 높이면 낮아지게 될 것이고, 자기를 낮추면 하나님이 그를 높여 더욱 귀하게 사용하실 것이다.

다섯째, 영적 지도자는 개개인의 필요에 관심을 가져야 하지만 동시에 신앙 공동체 형성을 중요하게 생각해야 한다. 영적 지도자로서의 모세의 중요한 이미지들 중 하나는, 그는 공동체를 세우는 자였다는 것이다. 모세는 하나님의 소명을 받을 때 개개인을 위해 부르심을 받지 않았다. 그는 이스라엘 민족 전체를 위해 부르심을 받았다. 이스라엘 민족 전체를 약속의 땅으로 이끌어가고 또 하나님을 바르게 섬기는 종교 공동체로 형성하는 것, 그것이 모세의 과제였다.

이와 관련하여 폴 스티븐스(R. Paul Stevens)와 필 콜린스(Phil Collins)는 이렇게 말한다.

> 모세의 리더십의 목적은 사회생활, 시민생활, 경제생활 그리고 종교생활의 모든 면을 통해 하나님의 말씀을 구현하는 '공동체'를 세우는 것이었다. 모세는 백만 명이 넘는 사람들을 한 곳에서 다른 곳으로 이동시키는 가장 신속한 방법을 제공해야 할 뿐만 아니라 느슨하게 결합된 복합체인 부족 집단들을 '하나님의 백성'으로 발전시켜야 했다.

그들은 계속해서 말한다.

그가 시내산에 오른 것은 이스라엘 백성을 길이 없는 사막을 가로질러 이동시키기 위한 전략적인 계획을 받기 위해서가 아니라 하나님의 말씀을 받아 이스라엘을 하나님의 참된 성격(character)을 구현할 공동체로 전환시키기 위해서였다. 그는 이스라엘 백성과 함께 광야에서 40년을 방황하면서 많은 불순종을 경험하면서도 그들을 단결시켜 결국에는 하나의 '공동체'로서 그들을 약속의 땅 접경까지 인도해갔다.

지도력에서 개인은 중요하다. 그러나 영적 지도자는 개인에게만 초점을 맞추면 안 된다. 말 그대로 지도력은 공동체 개념이기 때문에 영적 지도자로 부르심을 받았다면, 그는 늘 공동체를 생각해야 한다. 더욱이, 영적 지도력의 실천이 교회와 관련되어 있다면, 그는 늘 하나님의 백성 공동체요 그리스도의 몸 공동체인 교회를 생각해야 한다. "그리스도인들로서 모든 사역과 지도력은 끊임없는 교환과 해석이 있는 '나-너-우리' 공동체(I-Thou-We' community) 안에서 발생한다." 스티븐스와 콜린스의 말이다.

모세는 자신의 소명에 따라 신앙 공동체 중심의 지도력을 발휘했다. 이스라엘 백성에 속한 한 사람 한 사람을 등한시하지 않으면서도 궁극적으로는 이스라엘 민족 전체를 하나님의 백성 공동체로 세워갔다. 그의 지도력의 결과로, 이스라엘 백성은 공동체적 정체성과 삶을 구현해 갈 수 있었다.

오늘날의 그리스도인 지도자들도 그의 본을 따를 필요가 있다. 지도자는 공동체의 일부이다. 그래서 지도자는 다른 사람들과 함께 공동체로 세워져 가야 한다. 하나님이 다스리실 공동체로, 그리고 하나님이 거하실 처소로 함께 지어져 가야 한다(엡 2:22). 그러려면 지도자는 한 사람 한 사람에 대한 관심을 가져야 하지만 동시에 그리고 궁극적으로는 공동체 형성, 공동체 세움에 관심을 기울여야 한다.

여섯째, 영적 지도자는 비전, 곧 하나님이 주신 꿈이 있어야 한다. 비전은 방향성과 관계가 있다. 보아와 그의 동료들은 "효과적인 리더십을 발휘하는 데 비전보다 중요한 요소는 없습니다"라고 말하는데, 그 말은 옳다. "인도하는 것은 비전을 갖는 것"(스티븐스 콜린스)을 의미하기에 영적 지도자는 언제나 하나님이 주신 비전을 품고 그 비전을 제시하면서 신앙공동체나 조직을 이끌어 가야 한다. 비전은 계획된 사역의 미래를 전달하는 것인데, 지도력에서 비전이 중요한 것은 공동체로 하여금 사명의 목적(지)을 향해 움직이도록 고무하고 자극하고 영감을 불어넣기 때문이다(맬퍼스). 비전이 담기지 않은 지도력은 그저 공허한 손놀림과 발놀림으로 머물고 만다.

모세는 비전의 사람이었다. 그는 비전을 품고 있었을 뿐만 아니라 계속해서 이스라엘 백성에게 비전을 제시하고 그것을 상기시켰다. 그에게는 하나님이 주신 사명이 있었고 그 사명에 근거한 비전이 있었다. 그 사명은 하나님의 백성을 약속의 땅 가나안으로 인도하여 그곳에서 하나님의 거룩한 백성으로 하나님을 섬기면서 하나님 나라의 미래, 곧 온 인류를 향한 하나님의 구원계획을 이루어가는 것이었다. 그는 그 미래를 가슴에 품고 이스라엘 백성과 함께 힘든 광야 길을 걸어갔고 그 여정에서 그들이 그 영광된 미래를 바라볼 수 있도록 계속해서 그들에게 그 미래를 상기시켰다.

이것은 오늘날 모든 영적 지도자들에게도 필요한 것이다. 영적 지도자들은 함께 하는 사람들로 하여금 계속해서 미래를 바라볼 수 있도록 고무하는 것이다. 뱅크스와 레드베터가 말하는 것처럼, "올바른 비전은 모든 일이-지금의 상태와 상관없이-앞으로 어떻게 되어야 할 것인가에 대한 분명한 정신적 밑그림을 가지는 것이다." 자신의 일과 사역에 대한 분명한 정신적 밑그림으로서의 비전이 없다면, 어떤 지도자도 자신을 따르는 사람들을 올바르고 활력 있게 이끌 수 없다. 영적 지도자는 언제나 마음의 언덕 너머를, 현실의 언덕 너머를 그리고 오늘의 언덕 너머를 바라보고 또한 다른 사람들도 그렇게 하도록 이끌어주어야 한다. 그것이 참된 지도력이다.

모세는 이스라엘 백성을 노예의 땅 애굽에서 약속의 땅 가나안으로 인도해 갈 때 자신의 사역에 대한 그러한 비전이 있었다. 그리고 그 비전을 통해 이스라엘 백성을 고무하면서 자신의 지도력을 충실히 발휘했다.

우리는 이스라엘의 탁월한 지도자 모세가 이스라엘 백성을 애굽에서 가나안으로 인도해 가면서 발휘했던 지도력에서 위에서 언급한 것들보다 더 많은 교훈을 얻을 수 있을 것이다. 그것은 우리가 그의 지도력을 연구할 때 얻을 수 있는 지혜이다. 그런 지혜는 거저 주어지지 않는다. 탐구하는 사람에게 주어지는 영적 선물이다.

종/섬김의 지도력? 아니, 지도하는 종

미국의 통신회사 AT&T의 경영자였던 로버트 그린리프(Robert K. Green-leaf)는 1977년에『종의 지도력』(Servant Leadership)이란 책을 출판했다(이 제목은 대개 섬김의 지도력으로 소개된다. 그래서 여기서는 종/섬김의 지도력이라고 표기할 것이다). 그는 AT&T의 경영자로 있는 동안 그의 종/섬김의 지도력 이론을 세우고 전개했는데, 그로 인해 미국의 여러 대학들에서 가르치기도 했다. 그는 그 책에서 이렇게 말한다. "종과 지도자, 이 두 역할은 한 사람 안에서, 지위나 소명(calling)의 모든 단계에서 융합될 수 있을까? 만일 그렇다면, 그 사람은 현재의 현실적 세계에서 살 수 있고 또 생산적이 될 수 있을까? 현재에 대한 나의 인식에 근거하여 나는 두 물음에 예라고 말하고자 한다."

그런 다음, 그는 지도자가 먼저냐(the leader-first), 종이 먼저냐(the servant-first)의 문제를 언급하면서 종이 먼저의 관점을 지지한다. 곧 "종이 먼저"가 "지도자가 먼저"에 우선해야 한다는 것이다. 그래서 그에게 있어서 진정한 지도자는 종-지도자(the servant-leader)이지 지도자-종(the leader-servant)이 아니다. 여기에서 그의 종/섬김의 지도력 개념이 나온다. 실제로, 그는 섬김의 지도력이 교회뿐만 아니라 다른 조직들이나 시장 원리에도 적용될 수 있다고 주장한다. 이것은 그의 책 전체를 관통하는 핵심 개념이다.

그린리프의 종/섬김의 지도력 개념은 특히 예수님의 행위와 가르침에 근거한다. 그는 예수님을 한 사람의 지도자로 보면서 지도자로서의 그분의 목표(goal)는 "더 많은 긍휼을 사람들의 삶 속으로 가져오는 것"이라고 보았다. 사실상, 그린리프에게 있어서 예수님의 지도력은 모든 지도력의 모범이었다. 특히, 예수님이 제자들의 발을 씻기신 이야기와 간음 현장에서 붙잡혀온 여인 이야기는 그의 종/섬김의 지도력 개념의 바탕을 이룬다.

예수님은 "인자가 온 것은 섬김을 받으려 함이 아니라 도리어 섬기려 하고 자기 목숨을 많은 사람의 대속물로 주려 함이니라"(막 10:45)고 말씀하셨다. 그러나 예수님은 비록 이 세상에 섬기러 오셨지만 그렇다고 종은 아니었다. 그분은 하나님의 아들이었다. 예수님은 하나님의 아들이라는 신적 정체성을 지니되, 사람들을 대할 때 섬김의 자세를 취했다.

그것에 대한 예가 바로 그린리프가 섬김의 지도력의 중요한 예로 받아들인 예수님이 제자들의 발을 씻기신 모습이다(요 13:4-17). 그러나 예수님은 제자들의 발을 씻기신 다음에 이렇게 말씀하셨다.

> 너희가 나를 선생이라 또는 주라 하니 너희 말이 옳도다 내가 그러하다 내가 주와 또는 선생이 되어 너희 발을 씻었으니 너희도 서로 발을 씻어 주는 것이 옳으니라 내가 너희에게 행한 것 같이 너희도 행하게 하려 하여 본을 보였노라 내가 진실로 진실로 너희에게 이르노니 종이 주인보다 크지 못하고 보냄을 받은 자가 보낸 자보다 크지 못하나니 너희가 이것을 알고 행하면 복이 있으리라.(13-17절)

종은 주인을 섬긴다. 그리고 보냄 받은 자는 보낸 자를 섬긴다. 그것이 종/섬김의 지도력의 핵심이다. 자신의 뜻을 이루는 것이 아니라 받은 사명을 수행하는 것이 목적이다.

종/섬김의 지도력 원리는 비록 일반 지도력이 중요시하는 것들-예를 들면, 책임과 힘의 사용 그리고 지시나 지배 등-과는 상반되는 것들이 있을지라도 반지도력(antileadership)이 아니며, 그것은 분명 우리에게 지도력과 관련하여 여러 가지 중요한 통찰력과 유익한 점을 제공해 준다. 특히, 그것은 지도자 개인의 이익보다 다른 사람이나 조직의 힘을 중시하며 힘이 남용되는 것을 예방할 수 있다(뱅크스/레더베터).

모든 경우에서는 아닐지라도, 대부분의 경우에서는 종/섬김의 지도력 개념은 좋고 바람직하다. 특히, 기독교적 관점에서는 그렇다. 그래서 최근 기독교 지도력 분야에서는 예수님의 본과 가르침을 따라 종/섬김의 지도력을 지도력 이론과 실천의 핵심으로 제시한다(맬퍼스; 넬슨). 그것은 분명 바람직한 모습임에 틀림없다. 왜냐하면 "만유의 주인이신 하나님의 종이 된다는 것은 어떤 지위에서 어떤 일을 하든지 하나님의 목적을 품고 하나님의 방법을 따라 살 책임을 진다는 고귀한 성경적 의미를 가지는 것"(뱅크스/레더베터)이기 때문이다.

하지만 종/섬김의 지도력이란 말이 여러 가지 좋은 함의와 의도를 지니고 있다 할지라도, 그 개념에는 우리가 주의할 필요가 있는 중요한 문제가 내포되어 있다. 뱅크스와 레드베터가 바르게 지적하듯이, 지도력의 위치에 있는 사람들에게는 종/섬김이라는 말은 부정적인 개념을 지니며, 더욱이 종종 종/섬김은 예속 또는 종속 개념으로 받아들여지기도 한다. 뿐만 아니라 사람들은 종보다는 지도자에게 더 비중을 두는 경향도 있고, 오늘날 섬김이라는 말은, 더욱이 종이라는 말은 다방면에서 남용될 여지가 있다.

게다가, 오늘날 섬김의 지도력(servant leadership)은, 문자적으로 더 정확하게 옮기면 종의 지도력이란 말은 본래적인 의미에서 벗어나 있다고 말할 수 있다. 종/섬김의 지도력이라는 복합어에서 핵심 용어는 지도력이고 종이란 말은 지도력이란 말을 수식하는 수식어이다. 종이란 말은 일종의 형용사 역할을 한다. 이런 점에서 보면, 뱅크스와 레드베터가 주장하듯이 기독교 지도자는 "종"에 중점이 있는 '종 지도자'(a servant leader)라기보다는 "지도"에 중점이 있는 '지도하는 종'(a leading servant)으로 보는 것이 성서적 관점에서 더 바람직하며, 종/섬김의 지도력을 더 바르게 이해하는 것이라고 말할 수 있겠다.

이와 같이, 지도력의 일차적인 기능은 종이 되거나 섬기는 것이 아니라 지도하고 이끄는 것이다. 지도자의 태도와 지도의 방식은 섬김일지라도 그의 본질적인 임무는 지도하는 것이다. 종이 되거나 섬김 자체가 목적이 아니다. 지도가 섬김의 방식으로 나타나는 것이지 섬김이 지도의 형태로 나타나는 것이 아니다. 물론, 지도하는 것은 일종의 섬김이다. 하나님을 위한 섬김이다. 왜냐하면 하나님의 지도자는 하나님의 종이기 때문이다. 그리고 하나님을 섬기는 것은 결국 그분의 백성을 섬기는 것이 된다. 그들을 잘 인도하기 때문이다. 실제로, 하나님이 세우시는 지도자는 하나님의 종으로 하나님의 백성과 그리스도의 몸으로서의 신앙 공동체를 인도하도록 예수 그리스도 안에서 하나님의 부르심을 받는다. 이런 점에서, "우리는 그리스도를 섬기는 하나의 표현으로 다른 사람들을 지도함으로써 그들을 섬긴다"는 넬슨의 말은 옳다.

우리는 바울의 경우에서 "인도하는" 또는 "지도하는 종"으로서의 기독교 지도력의 참 모습을 확인받을 수 있다. 바울은 예수 그리스도와 관련하여 자신을 "종"이라고 말한다. "예수 그리스도의 종 바울은 사도로 부르심을 받아 하나님의 복음을 위하여 택정함을 입었으니"(롬 1:1). 바울에게 복음은 주 예수 그리스도가 부르신 이유요 목적이었다. 그래서 복음 전도는 그의 평생의 사명이었다.

바울은 자신이 고백하는 것처럼 진정 주 예수 그리스도의 종이었다. 오직 예수 그리스도와 그분의 복음만을 위해 살았다. 그러나 그는 사람들의 종은 아니었다. 사람들에게는 복음 전도자였고 영적 지도자였다. 곧 사람들을 이끌고 지도/인도하여 복음을 믿게 하는 주 예수 그리스도의 종이었다. 이런 점에서, 그는 지도/인도하는 종(a leading servant), 곧 사람들을 지도하고 인도하는 예수 그리스도의 종이었다.

이 점은 하나님의 백성으로서의 이스라엘 민족의 지도자였던 모세에게도 그대로 적용된다. 모세도 "지도하는 종"이었다. 하나님의 부르심을 받아 그분의 목적을 섬기는 종으로 이스라엘 백성을 애굽의 종살이에서 이끌어내어 약속의 땅 가나안으로 인도해 가는 지도자였다. 그는 하나님께는 종이었고 이스라엘 백성에게는 지도자였다. 그래서 모세는 주 하나님의 종으로서 그분의 말씀을 전심으로 순종하고 따라야 했지만 이스라엘 백성의 지도자로서 이스라엘 백성을 잘 인도해야 했다. 실제로, 그는 종으로서의 자신의 본분을 잊지 않으면서 지도자로서의 역할을 잘 수행했다.

블랙커피의 다음의 말은 지도하는 종으로서의 모세의 모습을 잘 묘사해준다.

모세가 이끌었던 이스라엘 백성들은 처참히 실패했다. 대제사장 아론도 책임을 소홀히 했다. 그래서 이스라엘 백성들은 약속의 땅에 들어가지 못한 채 여생을 광야에서 방황해야 했다. 이 경우 불순종한 것은 모세가 아니었다. 그는 충성했다. 그러나 하나님은 모세만 놓아주시지 않았다. 모세는 그들의 리더였기 때문이다. 하나님의 백성들에게 가장 리더가 절실한 때가 바로 이 고난의 시기였다. 모세는 자기인생의 남은 40년을 자기 잘못도 아닌 백성들의 잘못 때문에 광야를 유리하며 보냈다.

신앙공동체의 지도자들에게 권면하는 베드로 사도의 표현방식으로 하면, 모세는 하나님의 양 무리를 치고 인도하되 억지로 하지 않고 하나님의 뜻을 따라 자원함으로 했다. 그는 더러운 이득을 위하여 하지 않고 기꺼이 했으며 이스라엘 백성에게 주장하는 자세를 취하지 않고 그들의 본이 되었다(벧전 5:2-3). 그것이 섬김의 지도력, 더 정확히 말하면 '지도하는 종'의 사역의 참된 모습이다. 그리고 이런 모습은 오늘날 모든 영적 지도자들, 특히 교회의 지도자들에게 절대적으로 필요한 모습일 것이다.

비록 성서가 "그 후에는 이스라엘에 모세와 같은 선지자가 일어나지 못하였나니"(신 34:10)라고 증언하고 있지만, 그럼에도 우리는 오늘날을 위해 그리고 미래를 위해 모세와 같은 하나님께 철저히 헌신된 훌륭한 지도자/사역자를 보내달라고 기도할 필요가 있다. 각 시대는 하나님의 뜻과 계획을 역사 속에 성실하게 구현해갈 그런 영적 지도자를 필요로 하기 때문이다.

에필로그.

지금까지 우리는 〈광야의 발자국: 약속의 땅을 향한 행진〉이란 제목으로 오경을 바탕으로 출애굽하여 약속의 땅 가나안을 향해 가던 이스라엘 백성의 삶과 믿음, 그리고 그들을 이끌었던 모세의 믿음, 삶 그리고 지도력을 탐구해 왔다. 이제는 이 탐구를 마무리 지어야 하는 시점에 이르렀다.

영어에서 마무리 작업 또는 손질을 "finishing touch"라고 한다. 그 동안 수고롭고 힘겨웠지만 최선을 다해 해오던 모든 작업을 정리하는 차원에서 다시금 죽 훑어본 후에 마지막으로 탁 치면서 "끝!"이라고 말하고는 손을 뗀 채 편안하게 쉼에 들어가는 느낌이 담겨있다.

"유종의 미"라는 말이 있듯이, 어떤 일을 마무리 짓는 것은 귀하고 중요하다. 그러나 그것은 쉽지 않은 일이다. 어떤 일이든 시작이 반이라고 하지만 나머지 반은 반이 아니라 사실은 전부이기 때문이다. 어떤 일을 시작하려면 결심이 필요하기 때문에 시작하는 것도 쉽지 않지만 시작한 것을 마무리 짓는 일-더욱이 잘 마무리 짓는 일-은 더 어렵다.

바울은 이런 맥락에서 자신의 사명과 관련하여 이렇게 말했다. "내가 달려갈 길과 주 예수께 받은 사명 곧 하나님의 은혜의 복음을 증언하는 일을 마치려 함에는 나의 생명조차 조금도 귀한 것으로 여기지 아니하노라"(행 20:24). 어떤 일을 마치려 함에는, 특히 하나님이 주신 사명을 마치려 함에는 온전한 헌신이 필요하다. 모세의 삶이 그랬고 예수님의 삶이 그랬다. 바울의 삶이 그랬고 그래서 우리의 삶도 그러하다. 모세는 하나님이 주신 사명을 완수하기 위해 자신의 모든 것을 바쳤다.

비록 모세가 이스라엘 백성과 함께 학수고대하던 약속의 땅에 들어가지는 못했지만, 그는 모압 평지에서 설교를 마치고는 혼잣말로 '이제 내가 할 일을 완수했다. 그러므로 사명 끝!'이라고 말하면서 자신의 사명을 마무리 짓고는 죽음을 지나 영원한 하나님의 안식에 들어갔을 것이다.

광야의 발자국이 있어야 약속의 땅 가나안에 이를 수 있다. 왜냐하면 광야의 발자국은 약속의 땅 가나안에 이르는 믿음이기 때문이다. 이세상에 믿음의 발자국이 있어야 영원한 하나님의 나라에 이를 수 있다. 왜냐하면 믿음의 발자국은 영원한 하나님의 나라에 이르는 삶이기 때문이다.

출애굽한 이스라엘 백성이 가나안 땅을 향해 걸어간 광야의 발자국들은 하나님의 미래를 담고 있었던 것처럼, 그리고 그들의 행진의 발걸음이 마지막으로 머무는 곳에 하나님이 주신 약속의 땅 가나안이 있었던 것처럼, 오늘 이 땅을 살아가는 그리스도인들이 새 하늘과 새 땅을 향해 걸어가는 도상의 발걸음들은 그 하나님 안에 있는 그리스도의 미래를 담고 있다. 그래서 우리의 순례여행의 발걸음이 마지막으로 머무는 곳에서 우리는 우리를 부르시고 구속하신 그분을 만나게 될 것이다.

사도 바울이 말하는 것처럼, '지금은 우리가 거울로 보는 것 같이 희미하지만 그 때에는 얼굴과 얼굴을 대하여 볼 것이며 지금은 우리가 부분적으로 알지만 그 때에는 주께서 우리를 아신 것 같이 우리가 온전히 알게 될 것이다'(고전 13:12). 우리에게 필요한 것은 모세처럼 하나님의 말씀을 전적으로 신뢰하면서 약속의 땅을 향한 행진을 충실하게 해 가는 것이다. 사도 바울처럼 "뒤에 있는 것은 잊어버리고 앞에 있는 것을 잡으려고 푯대를 향하여 그리스도 예수 안에서 하나님이 위에서 부르신 부름의 상을 위하여"(빌 3:14) 믿음의 경주를 온전히 마치는 것이다. 그것이 바로 최종적인 "finishing touch"이다. 그리고 그 후에는 영원한 안식이 우리를 기다리고 있다. 그 안식을 바라보면서 오늘도 "보배로운 믿음"(벧후 1:1)을 가지고 한 걸음 또 한 걸음 순례자의 길을 가는 우리 모두가 되자. 그 발걸음마다에 하나님의 갑절의 은혜와 인도하심이 함께 하도록 기도한다.